D1640604

Sehr geehrter Herr Bundeskanzler!

28 Erwiderungen auf Ihr Deutschlandbild oder Warum Geschichte haftbar macht

FORUM VERLAG LEIPZIG

Die Deutsche Bibliothek – CIP Einheitsaufnahme
Sehr geehrter Herr Bundeskanzler!
28 Erwiderungen auf Ihr Deutschlandbild oder Warum Geschichte haftbar macht
Leipzig: Forum Verlag Leipzig, 2002
ISBN: 3-931801-05-5

1. Auflage 2002
FORUM VERLAG LEIPZIG
Buch-Gesellschaft mbH

Satz / Gestaltung: Matthias Quiering, HTWK Leipzig
Umschlag: Jens Krause, Leipzig
Druck / Binden: Gallus Druckerei KG, Berlin

Inhalt

Alte und neue Amigos

Verfolgte und Verfälscher

Anhang

Vorwort

Zwei Kanzler streiten. Der eine vor Gericht, der andere vorerst nur in den Medien. Ein Kanzler springt dem anderen bei. Das liegt am gemeinsamen Widersacher: der deutschen Nachkriegsgeschichte. Über ein Jahrzehnt nach Ende der deutschen Teilung handeln Bundeskanzler Gerhard Schröder und sein Amtsvorgänger Helmut Kohl noch immer so, als sei diese Geschichte teilbar. Vor allem dann, wenn es um die zeitgeschichtliche Würdigung des eigenen Beitrags geht. Hinter dem formalen Sieg von Altkanzler Kohl über den Prozessgegner Bundesrepublik Deutschland im Streit um die Veröffentlichung seiner Stasiakten zeigt sich ein vielsagend geschichtsvergessenes Politikverständnis.
Die historische Auseinandersetzung mit der DDR im vergangenen Jahrzehnt zuerst über deren Staatssicherheit zu führen, war falsch, aber verlockend und öffentlichkeitswirksam. Ein Merkmal der Diktatur wurde freigelegt, ein fassbarer Ausschnitt der Geschichte. Dabei blieben ihr Organismus und ihre bis heute spürbare Wirkung derart verborgen, dass Schröder einem Urteil des Bundesverwaltungsgerichts Beifall spenden konnte, das im Namen des »Opferschutzes« die Verantwortung der SED-Nomenklatura für Unrecht von Staats wegen oder die westdeutscher Politiker für die Verfestigung der deutschen Teilung der Geschichtswahrnehmung entzieht. Nicht zum ersten Mal brachte Schröder »gelebte Biografien« in Zusammenhang mit Stasivergangenheit, die neun von zehn Ostdeutschen nicht haben. Der alte und der derzeitige Kanzler ignorieren das hartnäckig. Vom »Kanzler der Einheit« wird gemunkelt, er baue nun an seinem Denkmal als »Kanzler der Versöhnung«. Eine Versöhnung, die auf Verschweigen basieren soll und mithin allerhand Verklärungen, auch der DDR, Vorschub leisten würde? Spekulation, denn Kohl spricht nicht. Auch Schröders Motive sind unklar. Denkt er, wie er spricht, hat er von zwölf Jahren deutscher Einheit wenig und von 40 Jahren geteilter deutscher Vergangenheit nichts verstanden.
Falsches und sogar gefälschtes Geschichtsverständnis gehörte zum Instrumentarium der SED-Diktatur. Es wirkte zerstörerischer als physische Repression es vermochte, nachhaltiger als Propagandaparolen. Die tiefe Verunsicherung etwa in der

Behandlung der Zeit vor 1945, im Umgang mit Bürgergeschichte überhaupt, ist allenthalben und alltäglich bis heute in ostdeutschen Medien nachzulesen und wird von Eltern und Lehrern vererbt. In den noch immer so genannten alten Bundesländern ist die Scheu vor der Auseinandersetzung mit der DDR und dem bundesdeutschen Beitrag zur Zweistaatlichkeit inzwischen so kultiviert, dass die umbenannte SED die Hauptstadt mitregieren kann.

Zum Status quo gehört es, dass jene, die ein Schlusswort vor Debattenbeginn fordern, mehr Gehör finden, als jene, die beim Sturz des SED-Regimes im Herbst 1989 die Dokumente dieser Herrschaft erobert und der Nachwelt überliefert haben. Die Bürgerrechtler haben damals Maßstäbe für Demokratie gesetzt, damit Rückfall ausgeschlossen wird. Restauration gibt es schon wieder.

Zu dieser spontanen Buchaktion haben die Autoren uneigennützig beigetragen. Bürgerrechtler, Schriftsteller, Historiker, Juristen, Journalisten erwidern auf das Kanzlerurteil zum Altkanzler-Urteil – aus biografischer Erfahrung. Sie machen klar, warum der offene Umgang mit gesamtdeutscher Geschichte unerlässlich ist.

Der Verlag

Stasi-Akten: Schröder fordert grundsätzliches Umdenken

Magdeburg (Eig. Bericht/DW). Für ein „grundsätzliches Umdenken“ bei der Benutzung des politischen DDR-Erbes hat sich Kanzler Gerhard Schröder (SPD) in einem Gespräch mit unserer Zeitung ausgesprochen.

Sein Rat an Politiker, Parteien und Gesetzgeber: „Die DDR-Geschichte und die gelebten Biographien dürfen nun endgültig nicht mehr darauf reduziert werden, was in den Akten der Stasi steht.“ Es gehe nicht, dass Ostdeutsche immer noch beweisen müssten, ob sie Opfer oder Täter seien, während Promi-Akten geschützt seien. *Seite 2*

Umgang mit DDR-Biografien

Kanzler will Ende der Einteilung in Täter und Opfer

Magdeburg (Eig. Bericht/D.Wonka). Erstmals äußerte sich jetzt der Bundeskanzler in einem Gespräch mit unserer Zeitung zu den Folgen des Urteils des Bundesverwaltungsgerichts im Streit zwischen Alt-Kanzler Kohl und der Birthler-Behörde über den künftigen Umgang mit Stasi-Akten. „Nach dem Grundsatz der Gleichbehandlung kann es nicht angehen, dass der im Osten Aufgewachsene im Zweifel anhand der Stasi-Akten belegen muss, dass er kein „Täter“ war, während der Geborene Westdeutsche diesbezüglich nur „Opfer“ war.“

Schröder warnte davor, jetzt im Bundestag durch einen Akt des Gesetzgebers den Verschluss der Akten durch das Gericht eventuell rückgängig machen zu wollen. „Die Debatte muss grundsätzlicher geführt werden“, so Schröder. „Vorurteilsfrei“ müsse man sich die Frage stellen, ob „beim kleinen Mann die Personalfragebogen-Politik“ auch im zwölften Jahr nach der Wende noch fortgeführt werden könne und solle.

„Weil man das Urteil des Bundesverwaltungsgerichts respektieren muss, muss das Folgen für den alltäglichen Umgang mit diesem Erbe des DDR-Regimes haben“, mahnte der Kanzler. „Wie lange soll bei Personalentscheidungen die Vergangenheit der Ostdeutschen minutiös durchleuchtet werden, während westdeutsche Bewerber in dieser Hinsicht immer mit weißer Weste dastehen dürfen?“ Er plädiere einerseits „entschieden dafür, dass die Befassung mit der Vergangenheit auch weiterhin notwendig ist, und zwar als eine gesamtdeutsche Aufgabe“. Aber: „Nach diesem Urteil haben wir Anlass, uns entschieden dagegen zu wenden, dass die DDR-Geschichte zum Instrument ganz gegenwärtiger Interessen in der politischen Auseinandersetzung gemacht wird.“ Eines gelte ohnehin in wachsendem Maße: „Wer die Lebensleistungen Ostdeutscher in den Blick nimmt, muss vor allem auf die enormen Leistungen schauen, die in den letzten zehn Jahren vollbracht wurden.“

»Leipziger Volkszeitung« vom 11. März 2002

Stasi-Akten: Schröder fordert grundsätzliches Umdenken

[illegible]

Akten und Aktionen

[illegible]

Kanzler will Ende der Einteilung in Täter und Opfer

[illegible]

Matthias Büchner

Die Rettung der Kohl-Akten 1990

Bei allen akademischen Diskussionen um die Unterlagen der Staatssicherheit ist eines heute weitgehend vergessen: 1989/90 haben Vertreter der Bürgerkomitees ihr Leben aufs Spiel gesetzt, weil sie diese Hinterlassenschaft einer demokratischen Aufarbeitung zuführen wollten. So geschehen im Februar 1990, als das Erfurter Bürgerkomitee die Bienstedter Warte besetzte. In diesem westlichsten »Horchposten« der DDR, der zur Funkaufklärung des MfS gehörte, stießen wir auf Technik, zahlreiche Kartons und Kisten mit Formblättern und sogar »Neuerervorschlägen« der Stasi. Spektakulär war ein anderer Fund: Eine ominöse Kiste aus Metall, sie enthielt, so steht es im Protokoll vom 15. Februar 1990, »Karteikarten und Inhaltsprotokolle der Auslandsaufklärung«, konkreter: Abhörmaterial zu Bundeskanzler Dr. Helmut Kohl.

Auf einem geliehenen LKW der Volkspolizei fuhren wir das gesamte Material nach Erfurt. Drei Jeeps beschatteten den Laster, einer war als Fahrzeug der US-Army erkennbar. Die Vertreterversammlung der neuen DDR-Bürgerkomitees in der Berliner Gotlindenstraße, von dem Fund unterrichtet, entschied, das Abhörmaterial müsse unverzüglich zur »sicheren« Verwahrung nach Berlin. Also machte sich ein Erfurter Bürgerkomitee-Vertreter noch in der Nacht des 15. Februar mit der brisanten Fracht auf den Weg. Indes, unser Freund kam nicht an. Sein PKW, eines der Dienstfahrzeuge aus der besetzten Erfurter Stasizentrale, wurde auf der Autobahn von einem roten Lada brutal abgedrängt, so dass er sich mehrfach überschlug. Wieder zur Besinnung gekommen, wurde der Bürgerrechtler von Soldaten der Roten Armee aus seiner Lage befreit und in ein sowjetisches Militärlazarett gebracht.

Den Polizisten, die zum Abtransport seines Wagens angerückt waren, hatte er noch sagen können, dass die Metallkiste wichtige Unterlagen enthalte und unbedingt in die Gotlindenstraße müsse. Möglicherweise hielten die Vopos ihn wegen seines Fahrzeugs für einen MfS-Offizier – jedenfalls kamen die Akten aus der Bienstedter Warte in Berlin an. Heute sind sie Teil des so genannten personenbezogenen Datengutes »Bundeskanzler Dr. Helmut Kohl«.

Dank solcher Aktionen der friedlichen Revolution verfügt das vereinigte neue Deutschland über eine Institution, um die es in allen ehemals kommunistischen Ländern regelrecht beneidet wird: Die Behörde der Bundesbeauftragten für die Unterlagen des Staatssicherheitsdienstes. Zehntausende erhielten die Möglichkeit, selbst nachzulesen, mit welchen Mitteln der Sicherheitsapparat der SED ihr tägliches Leben beeinflusste. Sie erfuhren die Namen ihrer Spitzel und welche Vorteile diese sich durch ihre »inoffizielle Tätigkeit« verschafft hatten. Tausende Menschen konnten endlich beweisen, Opfer kommunistischer Zwangsherrschaft zu sein und rehabilitiert werden. Erstmals konnte das »Innenleben« der DDR, dokumentiert vom Geheimdienst, dem Schild und Schwert der staatsführenden Partei, wissenschaftlich aufgearbeitet und der Öffentlichkeit zugänglich gemacht werden.

Seit Monaten jedoch kann die Behörde eine ihrer wesentlichsten Aufgaben nicht mehr erfüllen – die Darstellung der Machtstruktur der SED mit ihren Verflechtungen: Sicherheitsapparat, Justiz, Wirtschaft und gesellschaftliche Institutionen. Grund ist der Urteilsspruch des Bundesverwaltungsgerichts in der Sache Dr. Helmut Kohl ./. Bundesrepublik Deutschland. Er schützt nun Betroffene aller Couleur, auch DDR-Funktionäre, vor der Aufarbeitung ihrer Akten. Zwar bin ich, anders als einige Bundestagsabgeordnete, strikt dagegen, die Stasiunterlagen über Kohl als mögliche Beweismittel im Parteispenden-Untersuchungsausschuss zu nutzen. Aber: Die historische Aufarbeitung der Tätigkeit der Staatssicherheit darf keinesfalls abgebrochen oder auch nur eingeschränkt werden. Allein schon deswegen ist eine Novellierung des Stasi-Unterlagen-Gesetzes eilig geboten. Dabei sollten sich die Gesetzgeber gründlicher als bisher beraten und begleiten lassen. Was spricht beispielsweise dagegen, wenn Opfer auch im Gesetzestext Opfer genannt werden, so wie es einer der ersten Entwürfe (den ich selbst die Ehre hatte mitzugestalten) aus den Reihen der

Bürgerkomitees vorsah. Durch Fachjuristen des Bundesinnenministeriums wurde indes der Terminus »Opfer« durch »Betroffene« ersetzt, was bei der Urteilsfindung des Bundesverwaltungsgerichts die ursprüngliche Intention konterkarierte ...
Meine Kritik an dem Urteil: Wenn das Gericht auf die »Entstehungsgeschichte« des Stasi-Unterlagen-Gesetzes Bezug nehmen will, sich dann aber Helmut Kohls Argumentation anschließt, dass »Informationen, die der Staatssicherheitsdienst in rechtsstaatlichen Grundsätzen widersprechender Weise erlangt habe, ... im Gegensatz zu sonstigen Unterlagen der Forschung und den Medien vorenthalten werden« müssten, dann verliert es die Absicht derer, die das Unrechtssystem der DDR friedlich beseitigt haben, vollkommen aus dem Auge.
Um all jenen, die in der Geborgenheit eines Rechtsstaates aufwuchsen und ihren Erfahrungsschatz in gepflegten Kanzleien und noblen Büros sammeln durften, einen authentischen Einblick in die Ziele der friedlichen Revolution zu verschaffen, möchte ich an wesentliche Ereignisse erinnern: Am 1. Advent 1989 traf sich in Grünheide bei Berlin die Initiativgruppe des NEUEN FORUM, der ersten Oppositionsbewegung, die sich öffentlich bekannt hatte. Gemeinsam mit den ausgebürgerten alten Freunden, Wolf Biermann, Jürgen Fuchs und Roland Jahn, wurde an diesem 3. Dezember über die Zukunft der Noch-DDR und die weitere Organisation der landesweiten Demonstrationen gesprochen. Zugleich überschlugen sich die Nachrichten: Das DDR-Fernsehen meldete, dass sich soeben der Genosse Schalck-Golodkowski im Besitz wichtiger Dokumente und einiger Waffen ins Ausland abgesetzt hatte. Gleiches wurde von anderen SED-Führungskadern vermutet. FORUM-Freunde aus allen Bezirken der DDR berichteten überdies nach Grünheide, dass Unterlagen verbrannt würden. Selbst da, wo Gas- oder Fernheizung installiert war, rauchten die Schlote. So in der Zentrale des Freien Deutschen Gewerkschaftsbundes (FDGB) in Berlin.
Leute vom NEUEN FORUM, die im Palast der Republik an einer »Tagung der Kulturschaffenden« teilnahmen, gingen dieser Nachricht auf den Grund: In einem Stahlschrank des Zentralgebäudes des FDGB fanden sie eine beträchtliche Menge D-Mark-Scheine ohne Buchbeleg. Dies überzeugte auch die Berliner Staatsanwaltschaft, der »revolutionären« Hausdurch-

suchung im Nachhinein eine offizielle Legitimation zu verleihen.
In Grünheide wuchs die oppositionelle Entschlossenheit. Schon kamen Überlegungen auf, den Fernsehfunk in Adlershof zu besetzen. Statt dessen einigten wir uns schließlich darauf, zur Bildung »Örtlicher Räte« aufzurufen, die Machtfrage gar nicht erst zu stellen, sondern die SED unter dem Druck anhaltender Großdemonstrationen quasi »von unten« abzuwickeln. Wir formulierten einen Aufruf, um die Aktenvernichtung zu stoppen. Im Laufe des Abends gab ich den Text aus der Wohnung von Marianne und Christian Tietze, zweier Vordenker der friedlichen Revolution, telefonisch an die Kontaktadressen des NEUEN FORUM in die Bezirke: »Absetzbewegungen und Verschleierungsversuche müssen verhindert werden!«, hieß es darin. Und weiter: »Bürgerinnen und Bürger! Ihr wisst, in welchen Betrieben, Banken und Institutionen die Möglichkeiten für solche Praktiken gegeben sind. Ruft Belegschaftsversammlungen zusammen, die Kontrollgruppen für die Verhinderung solcher Machenschaften einsetzen! Verständigt euch mit anderen Betrieben und mit Bürgerbewegungen eures Vertrauens! Beschließt, wenn möglich, gemeinsame Kontrollmaßnahmen und sorgt für Öffentlichkeit! Wir fordern die Regierung Modrow auf, eure Bürgerkontrolle in Wirtschaft und Staatsapparat zu unterstützen und Fluchtversuche belasteter oder verdächtiger Funktionäre zu unterbinden. Nach wie vor gilt: Keine Gewalt.« Die Unterzeichner waren Bärbel Bohley (Berlin), Matthias Büchner (Erfurt), Erika Drees (Stendal), Ingrid Köppe (Berlin), Reinhard Meinel (Potsdam), Jochen Lässig (Leipzig) und Hans-Jochen Tschiche (Magdeburg).
Die Erfurter reagierten noch in derselben Nacht. Barbara Ruge, Ehefrau des ersten Geschäftsführers des NEUEN FORUM Erfurt und heutigen Oberbürgermeisters Manfred Ruge, übergab den Text dem Nachrichtentechniker Jens Fröbel. Der produzierte im Funkwerk 700 Flugblätter auf seinem Robotron-9-Nadeldrucker. 4.000 weitere Exemplare ließ er von einer in illegaler Arbeit geübten Druckerei bis in die Morgenstunden herstellen. Was nun geschah, darf historisch beispiellos genannt werden. Mutige Erfurter Bürgerinnen und Bürger, angeführt von den Sprecherinnen des NEUEN FORUM und der Bürgerinnenbewegung »Frauen für Veränderung«, besetzten die erste Stasi-

Zentrale in der DDR. Friedlich, nur das Überraschungsmoment auf ihrer Seite, war es den Frauen, allen voran Almuth Falcke, Dr. Kerstin Schön, Sabine Fabian, Elisabeth Kaufhold, Barbara Weißhuhn und Tely Büchner, gelungen, hunderte Menschen zu mobilisieren. Hausfrauen unterbrachen ihre Einkäufe, Müllmänner blockierten mit ihren Autos die Ausgänge der MfS-Bezirksverwaltung im Andreasviertel, die dort ansässigen Handwerker kamen dazu, ebenso Studenten und einige Arbeiter. Handstreichartig übernahmen sie die gleichermaßen gefürchtete wie verachtete Stasi-Zentrale. Eine rasch installierte Bürgerwache mit dem Naturwissenschaftler Ulrich Scheidt an der Spitze wurde beauftragt, die Vernichtung von Unterlagen zu stoppen – nicht nur bei der Staatssicherheit, sondern auch in der SED-Bezirksleitung und in der Fernmeldezentrale der Deutschen Post. Mehr als 3.000 Erfurter beteiligten sich in den nächsten Wochen an dieser Bürgerwache.
Um den »Organismus« der Stadt Erfurt und des gesamten Bezirkes aufrecht zu erhalten, konstituierte sich am 5. Dezember ein Bürgerkomitee. Von Beginn an übernahm es auch administrative Aufgaben, denn viele »Volksvertreter« hatten sich abgesetzt oder galten als unauffindbar. Schnell wurde ein Stasi-Untersuchungsausschuss gewählt. Damit waren die Hinterlassenschaften des MfS auch für »normale« Menschen dinglich begreifbar. Die meisten konnten nicht fassen, in welch unvorstellbarem Umfang ein Großteil der Bevölkerung ausgeforscht und manipuliert worden war. Wir formulierten drei Aufgaben, die dann die Arbeit aller Bürgerkomitees bestimmen sollten:

1. Aufarbeitung der Stasiunterlagen zur Rehabilitierung der Opfer der SED-Diktatur
2. Aufarbeitung der Stasiunterlagen, um verantwortliche Täter festzustellen
3. Archivierung der Stasiunterlagen, um eine historische Aufarbeitung zu gewährleisten.

Fortan mussten die Stasiakten nicht nur geschützt, sondern geradezu verteidigt werden. Die Liste derer, die das Geheimdienstmaterial vernichten und damit den betroffenen DDR-Menschen einen Teil ihrer Biografie geraubt hätten, ist lang. Sie reicht von Ministerpräsident Hans Modrow bis zum Innenminister Peter-Michael Diestel, von Verfassungsschutzpräsident

Eckart Werthebach bis zum Leiter des MfS-Nachfolge-Amtes für Verfassungsschutz der DDR, Heinz Engelhardt. Selbst ehemalige Bürgerrechtler wie Friedrich Schorlemmer wollten am liebsten »Freudenfeuer« aus den Akten entzünden.
Dem immer wieder erhobenen Vorwurf, die Bürgerkomitees seien damals unverantwortlich mit den geheimen Materialien umgegangen, möchte ich deutlich widersprechen. Noch bevor 1990 eine zweckdienliche Benutzerordnung erstellt war, ließen wir uns vom hessischen Datenschutzbeauftragten Prof. Dr. Dr. h.c. Spiros Simitis über die Datenschutzstandards eines Rechtsstaates beraten. Simitis, inzwischen Vorsitzender des von der Bundesregierung eingesetzten Nationalen Ethikrates, wusste das noch im Jahr 2001 zu würdigen. Bei einer Festrede im Thüringer Landtag verwies er darauf, dass die ostdeutsche Wurzel des Thüringer Datenschutzgesetzes beim Erfurter Bürgerkomitee zu finden sei.
Die Tatsache, dass es heute ein international geachtetes und öffentlich zugängliches Archiv für die Stasiunterlagen gibt, ist vor allem dem entschlossenen Handeln der Bürgerbewegungen zu verdanken – bis hin zum Hungerstreik in Erfurt, Berlin und Leipzig. Damit wurden eine Zusatzvereinbarung zum Einigungsvertrag erzwungen und der Bundestag verpflichtet, das Stasi-Unterlagen-Gesetz zu schaffen.
Was nicht nur Bürgerrechtler bis heute im Zusammenhang mit den Stasiakten bewegt, hat 1993 Steffen Heitmann, damals Sächsischer Staatsminister der Justiz, auf den Punkt gebracht: »Beim Umgang mit der Hinterlassenschaft des Staatssicherheitsdienstes handelt es sich um den Kern der Revolution von 1989, die leider selbst im öffentlichen Sprachgebrauch unangemessen als ›Wende‹ bezeichnet wird, mit einem Begriff also, der von einem gewissen Herrn Krenz geprägt und schon deshalb suspekt sein sollte. Die geistigen Exponenten dieser Revolution, die aus ihrer Friedlichkeit ihre Würde, aber auch ihre Schwäche bezogen, mussten auf der Aktenöffnung bestehen, wenn sie ihre Revolution nicht tatsächlich zur ›Wende‹ verkommen lassen wollten.«

Siegbert Schefke

Operativer Vorgang »Satan«

Satan – der Teufel, Satan – die Verkörperung des Bösen, Satan – so nannte mich die Stasi. Zumindest bis zum 9. November 1989. Der Mann, der mir diesen Decknamen gab, war Oberleutnant Schwanitz, in der Berliner MfS-Bezirksverwaltung zuständig für die Bekämpfung der Opposition. Wäre ich ihm jemals begegnet, hätte mich brennend die Frage interessiert, warum »Satan«? War der Name für mich nicht etwas übertrieben? Wahrscheinlich hätte Schwanitz zugegeben, dass die Stasi damit ihre Furcht vor denen, die den Staat bekämpften, unfreiwillig offenbart hatte. Ein Eingeständnis ihrer Ohnmacht? Allzu gern wollte ich mehr wissen. Was hatte die Stasi von meinen »staatsfeindlichen« Aktivitäten tatsächlich gewusst? Wie und vor allem von wem war dieses Wissen kolportiert worden?
Ich versuchte mich vor Verhaftungen zu schützen, indem ich nur engsten Mitwissern und Mitstreitern erzählte, was ich allen anderen gegenüber geheim hielt. Dennoch wurde ich jahrelang beschattet und verfolgt. Mein Leben damals war ein Katz- und Mausspiel mit den unbekannten inoffiziellen und mehr oder wenig bekannten offiziellen Mitarbeitern der Stasi. Meine Wut über einen guten Freund kann wohl jeder verstehen, als ich später Folgendes in meinen Akten las: »Nun habe ich schon soviel Material über den Schefke bei Ihnen abgeliefert, aber das Ministerium schafft es einfach nicht, ihn einzusperren. Was soll ich denn noch tun? Der Schefke macht sich schon lustig über die Arbeit der Staatssicherheit ... sperren Sie den endlich ein ...«. Mit diesen Worten beschwerte er sich bei seinem Führungsoffizier. Für seine Berichte über mich hat Falk Zimmermann all die Jahre monatlich bis zu 400 Ostmark bekommen. Mit den Prämien »verdiente« er an unserer Freundschaft weit über 30.000 Ostmark. Alles belegt und unterschrieben von Falk Zimmermann. In den Akten gefunden. Es sind die Akten,

die die dunklen Schatten meiner Vergangenheit erhellen. Sie zu schließen, wäre ein fataler Fehler, ein Auslöschen einer wichtigen Sicht auf eine schlimme Zeitepoche.
So erfuhr ich erst aus meinen Akten, warum ich trotz Vorsichtsmaßnahmen im Sommer 1989 auf einer einsamen Landstraße in Mecklenburg-Vorpommern verhaftet werden konnte. Nie hätte ich vermutet, dass mein Begleiter, ein »frommer« Küster aus Schwerin, meinen Plan, DDR-Betriebe zu filmen, die schmutziges Wasser in die Ostsee einleiteten, an die Stasi verraten hatte. Die Folge waren tagelange, unangenehme Gespräche mit zwei Stasileuten, die mich – wie im Film – mit einer Schreibtischlampe blendeten und verhörten.
Trotzdem gelang es uns, Missstände in der DDR in der ganzen Welt öffentlich zu machen und die politische Wende einzuleiten. Als dieses System endlich verschwunden war, tauchte ein neues Problem auf: tägliche neue Gerüchte, wer der Stasi gedient hatte und immer wieder neue Namen. Ich wollte nun wissen, wer Freund und Feind in meinem Freundeskreis war. Ich will es immer noch wissen. Dafür habe auch ich gekämpft. Durch wen verlor ich im Mai 1988 meine Arbeit als Oberbauleiter beim Wohnungsbaukombinat? Warum wurde ich nach meiner Unterschrift gegen die Raketenstationierung in Ost und West exmatrikuliert? Die Akten halfen mir, die dunklen Seiten für immer aus meinem Leben zu verbannen: Bisher konnte ich mich von 23 (dreiundzwanzig) Freunden und Bekannten trennen – ein sehr schmerzlicher, aber nicht zu umgehender Prozess. Keiner von ihnen hat sich jemals bei mir entschuldigt, nur einer hat das Gespräch gesucht.
Die ständige Beschattung und Überwachung schränkte mich in meiner Freiheit ein. Vom persönlichen Standpunkt aus gesehen, verschrieb ich nicht nur meine Überzeugung, sondern auch mein Leben der »Sache«. Ich behaupte sogar, dass meine »staatsfeindlichen« Aktionen als Person der Zeitgeschichte der Öffentlichkeit gehören! Sie sind öffentlich, weil sie zusammen mit den Aktionen vieler anderer Menschen den Sturz des DDR-Regimes herbeigeführt haben. In meinen Akten wird dieser Zusammenhang sichtbar. Auch deshalb sollen die Akten öffentlich bleiben. Kein Dokument der DDR-Zeitgeschichte ist authentischer, diese Akten sind Informationen und Augenzeugenberichte aus erster Hand. Sie berichten über die Einfluss-

nahme auf Schicksale, deren Ausmaße für die Nachfolgegenerationen interessant, aber unvorstellbar sind. Vor allem ihnen dürfen die Dokumente über die politische Vergangenheit der Ostdeutschen nicht vorenthalten werden. Man darf dieses Kapitel unserer Vergangenheit nicht einfach so zuschlagen, um dann wieder für immer zu schweigen.

Dietrich Koch

»›Budenzauber‹ Leipzig Kirche«

Die Sprengung der Leipziger Universitätskirche St. Pauli 1968 war ein Akt »kultureller Säuberung«, mit dem die SED eine weitere Entchristlichung und eine Schwächung der bürgerlichen kulturellen Identität anstrebte. Drei Wochen danach forderte auf dem III. Internationalen Bachwettbewerb ein Protestplakat zum ersten Mal den Wiederaufbau. Rudolf Treumann hatte das Plakat gemalt, Stefan Welzk hatte es in der Leipziger Kongreßhalle angebracht, während Harald Fritzsch davor wartete; mein Bruder Eckhard Koch und ich hatten die automatische Auslösung mit einem Wecker gebaut. Welzk und Fritzsch flohen bald danach in den Westen.
Wie sich aus mehreren dicken Bänden der Operativen Vorgänge »Kongreßhalle« und »Provokateur« ergibt, suchte die Stasi mit ungeheurem Aufwand – aber vergeblich – nach den Tätern: unter Bühnenarbeitern, Feuerwehrleuten, Beleuchtern, Hilfskräften des Gewandhausorchesters, der Dekorationsfirma, in kirchlich gebundenen Kreisen, insbesondere den Studentengemeinden, unter Kulturschaffenden, Studenten und Lehrkräften der Musikhochschule und der Hochschule für Grafik und Leipziger Grafikern und selbst bei Tierpflegern des benachbarten Zoos. Auf uns fünf Physiker, die wir zu einem dissidentischen Freundeskreis gehörten, kam die Stasi nicht.
Nach fast zwei Jahren verhaftete die Stasi mehrere meiner Freunde und mich wegen angeblicher Fluchtvorbereitung. Von dieser Anklage musste ich später freigesprochen werden.

Tatsächlich ging es der Stasi vor allem um die Plakataktion. Als einziger der Beteiligten wurde ich deshalb verurteilt und zwar zu zweieinhalb Jahren Haft und anschließender unbefristeter Unterbringung in einer psychiatrischen Anstalt, »um dem Wiederholen derartigen Verhaltens vorzubeugen und damit die Gesellschaft vor staatsfeindlichen Angriffen zu schützen«. Eckhard Koch und Rudolf Treumann konnte die Stasi nicht greifen, da ich deren Beteiligung nicht preisgab.
Weshalb die Stasi mich verhaften konnte, erfuhr ich erst 25 Jahre später aus den Stasiunterlagen. Stefan Welzk kam im Westen in die 68er Studentenbewegung hinein. Zu seinen neuen linken politischen Freunden gehörten ausgesprochene DDR-Sympathisanten wie Bernard Langfermann, Politologiestudent am West-Berliner Otto-Suhr-Institut. Die Stasi notierte zu ihm: »Sehr progressive Haltung ... der SEW nahestehend ... klarer marxistisch-leninistischer Standpunkt ... Mitherausgeber einer linken marxistischer Studentenzeitschrift« (ab 1969 »Sozialistische Politik«). Welzk besprach offen mit deren Redaktion, dass er (unaufgefordert) für seine Freunde in der DDR westliche Literatur einschmuggelte. Diese Redaktion war so dogmatisch-leninistisch, dass sie laut Stasiunterlagen Welzk sogar die Einfuhr von Habermas-Büchern in die DDR als ideologisch unvertretbar vorwarf. Welzk jedoch verfiel ausgerechnet auf diesen Langfermann als Kurier für Büchereinfuhren (mit Codelisten mit »K« für Koch, »T« für Treumann usw.). Und Langfermann verriet Anfang 1970 von sich aus alles der Stasi in Ost-Berlin, für die er nunmehr als Kontaktperson »Boris Buch« arbeitete. Schließlich bat Welzk Langfermann auch noch um Übermittlung von Fluchthilfeplänen für seine Leipziger Freunde. Welzk mit seiner Neigung zu einer Konspirationsromantik samt Verwendung von Decknamen, Codebuchstaben und verdeckten Mitteilungen gab der Paranoia der Stasi nun wirklich Futter. Der IM »Boris Buch« verriet alles. Obwohl ich Welzks Fluchthilfeangebot gegenüber Langfermann abgelehnt hatte, steht in den Stasiakten falsch, ich hätte zugestimmt. War es der Stasi so wichtig, mich zu verhaften, oder wollte sich der IM profilieren? Die Stasi bedankte sich beim IM für seine »patriotische Tat« mit »marxistischer Literatur« – und empfahl ihn der Hauptverwaltung Aufklärung, für die er »von größerem op[erativem] Interesse ist«.

Langfermann berichtete der Stasi auch von einem Gespräch mit Stefan Welzk, über das er dann noch eine Notiz übergab: »›Budenzauber‹ Leipzig Kirche«. Dies war offensichtlich die Chiffre für den Plakatprotest. Die Stasi, die bekanntlich jedem kleinen Hinweis akribisch nachging, muss schon durch diese kleine Notiz veranlasst worden sein, bei Welzks Freunden der Plakatsache nachzuspüren. Bald darauf wurde ich verhaftet. (Einem anderen westdeutschen Linken hatte Welzk bereits wenige Wochen nach dem Plakatprotest erzählt, dass er diese Aktion mit Freunden gemacht hatte. Allerdings ist diese Information wohl erst 1971, als ich schon in Haft war, zur Stasi gelangt.) Doch eine Gefahr für mich ging bereits von der Flucht Welzks und Fritzschs aus. Im ZOV »Heuchler« hatte die Stasi 1970 notiert, erneut das »Vorkommnis Bachfestspiele 1968 in Leipzig (...) durchzuarbeiten und zu prüfen, welche Personen unmittelbar nach diesem Vorkommnis illegal die Republik verlassen haben. (...) Welzk und Fritzsch sind hierbei zu beachten.« Entscheidend für die Aufklärung der Plakataktion war jedoch, dass die Stasi uns überhaupt verhaften konnte, wegen des Verrats aus dem Westen und zunächst wegen Fluchthilfe. Erst dann konnte sie die Verhafteten mit ihren psychologisch ausgefeilten Methoden unter Druck setzen.
Das MfS war zugleich polizeiliches Untersuchungsorgan. Es hatte die auch ideologisch begründete Aufgabe, in offiziellen – wenngleich geheimen und rechtsstaatliche Anforderungen nicht erfüllenden – Ermittlungen inhaftierte Beschuldigte geständig-kooperativ zu machen. In der wissenschaftlichen Veröffentlichung »Das Verhör. Zerstörung und Widerstand« habe ich die verwendeten Methoden rekonstruiert. Eine wesentliche Quelle dafür sind die sonst kaum untersuchten Ermittlungsakten der Stasi – ergänzt durch meine eigenen Erinnerungen. Ich fand auch konzeptionelle Papiere, in denen die Stasi ihre Methoden auf den konkreten Beschuldigten zuschnitt. Dazu gehört insbesondere eine »taktische Konzeption« zu meinem Fall, in der die Stasi nach einem halben Jahr Ermittlungen auf zehn Seiten eine Vielzahl einzelner Maßnahmen und Grundsätze festhielt, um ihr Ziel zu erreichen – u. a.:
Die intensive Vernehmungsarbeit mit dem Beschuldigten KOCH ist weiterzuführen, um möglichst größere Pausen, während denen er sich jedes Mal erholt, zu verhindern. – KOCH

ständig in Unruhe halten – Methode des Ausspielens nutzen – Rachegefühle: Man muß KOCH weiterhin gegen [Mitbeschuldigte] aufbringen, um ihn dadurch zu Aussagen zu bewegen, die uns noch nicht bekannt sind. – Geschickte Vorhalte – Die anderen Beschuldigten dazu ausnutzen, den KOCH zum Sprechen zu bringen – KOCH durcheinanderbringen, ihm bis zu einem gewissen Grad die Möglichkeit nehmen zu analysieren und sich auf Vernehmungen bzw. Aussagen vorzubereiten und unsere Taktik zu durchschauen. Plötzlicher Wechsel – Auf ungerechtfertigte Vorhalte ist er besonders empfindlich. – Erarbeitung operativer Kombinationen zum Zwecke der Täuschung – Die Beschuldigten [Name] und [Name] in die Ausarbeitung und Anwendung von Kombinationen (...) direkt oder indirekt mit einbeziehen – Hilfe von Dr. Lehmann [= Psychiater des MfS] in Anspruch nehmen – Medikamente sind so zu verabreichen, dass er sich keine Reserven bilden kann – Prüfung der Existenz bzw. Wirkung von Sysogen (oder »P« – schweizerisches Produkt ...) – gezieltere Arbeit mit inoffiziellen Mitteln – IM: Bei aller Zielstrebigkeit ist für den IM höchste Vorsicht geboten: Probevernehmungen; Vorbereitung der Schleusung eines Kassibers – Präparierte Schrift von [Stefan Welzk] – KOCH (...) vermutet, daß wir an St. W. u. a. in Westdeutschland inoffiziell arbeiten. – Ultimatum – was kommt danach?
Die Stasi gab auf, »weil aufgrund jüngster Erfahrungen mit KOCH das Ziel (...) nicht erreicht werden kann« und beantragte meine Psychiatrisierung. Das Ermittlungsverfahren hatte 23 Monate gedauert.
Die Ermittlungsakten zeigen das Verhalten in Extremsituationen – sowohl ein Zusammenbrechen unter dem Druck der Stasi, bis hin zum Verrat der Ehefrau, als auch Beispiele großer Tapferkeit. So weigerte sich der Dresdner Maler Michael Flade aus unserem Freundeskreis, sein Wissen über die Plakataktion preiszugeben und sagte, »daß er sein Leben lebt und wenn er Strafrechtsnormen verletzt hat, diese ihm erst nachgewiesen werden müssen«. Dass ein Beschuldigter diese rechtsstaatliche Selbstverständlichkeit so betonte, war für die Stasi außergewöhnlich, war deren regelmäßiges Ziel doch der weichgeklopfte Beschuldigte. Auf Tausenden von Seiten habe ich bei anderen Beschuldigten nichts Vergleichbares gefunden. Aber auch Klaus Knödel aus unserem Freundeskreis weigerte sich, andere

zu belasten. Meine politischen Auffassungen kenne er nicht, sagte er beispielsweise. Trotz Drohungen, seine Frau zu verhaften, blieb er standhaft.
Eine mit mir verhaftete Mutter von etwa einjährigen Zwillingen war natürlich besonders leicht unter Druck zu setzen. In der »vernehmungstaktischen Grundlinie« plante die Stasi, die »enge Bindung zu ihren beiden Kindern« auszunutzen, ihr klarzumachen, »daß sie im Interesse ihrer Kinder dazu beitragen muß, daß die Voruntersuchungen in einem möglichst kurzen Zeitraum abgeschlossen werden können« und ihr mit der »Absprache des Erziehungsrechtes« zu drohen. Sie hat sich dennoch wochenlang tapfer gewehrt, bis der mit verhaftete Ehemann kooperativ geworden war. In den Akten fand ich einen Briefentwurf, wonach sie nunmehr ihre Hoffnung allein auf Geständigkeit setzte: »Dietrich, ich bin der Überzeugung, daß wir hier alles sagen müssen, weil nur das uns noch helfen kann. Es war ein schwieriger Weg für mich (...). Ich weiß, daß Du hart gegen Dich selbst sein kannst (...). Mir ging es ähnlich, aber [Name des Ehemannes] hat mir den richtigen Weg gewiesen (...).« Sie hoffte, Weihnachten wieder bei ihren Kindern sein zu können, wenn ich nur endlich meinen Widerstand aufgäbe, und belastete mich mit dem, was ich ihr über die Plakataktion anvertraut hatte. Aber nach fünfzehn weiteren Monaten Untersuchungshaft wurde sie zu fünfeinhalb Jahren verurteilt. Wohl durch eine ähnliche Hoffnung getrogen, kollaborierte ihr Mann noch viel weitergehend mit der Stasi: Durch Klopfzeichen wollte er mich zu Einzelheiten der Plakataktion ausfragen. In seiner Niederschrift darüber analysierte er auch für die Stasi, warum sich aus den Indizien ergibt, dass ich an der Plakataktion beteiligt war.
Ohne die Akten könnte ich diese Geschichte heute nicht erzählen, denn er leugnet diesen Verrat. Dazu kommt, dass die Akten oft die einzige Möglichkeit sind, historisch falsche Selbstheroisierungen und Lebenslügen zu entlarven. So stilisierte sich Dr. Günter Fritzsch nach 1990 öffentlich zu einem Helden, obwohl er tatsächlich ein Stasikollaborateur war. Vom ersten Tage seiner Verhaftung an belastete er andere, sogar seine eigene Frau, denunzierte die Fluchtpläne eines Freundes, was zu dessen Verhaftung führte, belastete mich mit dutzendfacher staatsfeindlicher Hetze und mit dem Vorwurf, ich hätte

das Plakat gemalt. Er gab zu Protokoll, er habe von Harald Fritzsch gehört, »Koch hätte die Umrißzeichnung der Kirche auf das Transparent übertragen«. Nach der Wende ließ er sich dann für eine angebliche Beteiligung am Plakatprotest öffentlich ehren – während sich aus den Akten ergibt, dass er an der Plakataktion nicht beteiligt war und sie sogar verhindern wollte, weil »durch solch eine Aktion das Verhältnis Staat – Kirche geschwächt wird«.

Eine Quittung in den Akten belegt, dass ein anderer Verhafteter Geld von der Stasi nahm für seine »Hilfe bei der Aufklärung von Straftaten mir bekannter Personen«. Auch für den Verrat meiner Beteiligung an der Plakataktion. Seine »Identifikation mit dem Aggressor« Stasi ging so weit, dass er in der Haft notierte: »Ich sehe in der kommunistischen Weltbewegung diejenige politische Kraft von ernst zu nehmender Stärke, die den christlichen Idealen am nächsten kommt.«

Psychologisch interessant und ethisch brisant ist das in solchen Fällen zu Tage tretende Täter-Opfer-Problem. Selbstverständlich sind die Verhafteten und Verurteilten Stasiopfer. Aber dort, wo sie andere verraten und denunziert haben, sind sie eben auch Täter. Viele werden nicht fertig damit, dass sie in der Haft zu dem wurden, was sie doch eigentlich verachteten: zu Verrätern. Sie können diesen Teil ihrer Biografie nicht integrieren, spalten ihn ab und werden doch ein Leben lang nicht damit fertig. Dies ist das Schlimmste, was die Stasi ihnen antat.

Mein Buch hätte ohne das Studium von Tausenden Seiten Stasiakten nicht geschrieben werden können, und weitere Forschung in den Akten ist dringend nötig. Herr Bundeskanzler, bitte setzen Sie sich dafür ein, dass die Akten auch in Zukunft für die Forschung offen bleiben.

Hans-Jochen Tschiche

Pastors Bart

Ich war 1958 bis 1975 Pfarrer in Meßdorf in der Altmark. 1968 hatte ich die Aufmerksamkeit der staatlichen Behörden erregt. Der Prager Frühling war durch sowjetische Panzer beendet worden. Ich war maßlos enttäuscht, denn ich hoffte damals auf einen demokratischen Sozialismus, den ich dem demokratischen Kapitalismus vorzog. Die Leserinnen und Leser von heute sollten sich über so einen Satz nicht aufregen. Die politischen Leitwölfe der Berliner Regierung hatten seinerzeit Träume, die sich wesentlich von ihrer heutigen Realpolitik unterscheiden. Sie haben allerdings ausgeträumt, ich noch nicht. Aber sei es, wie es sei. Damals habe ich laut und vernehmlich in Stendal auf einem Kreiskirchentag verkündet, die beiden Systeme des Kalten Krieges seien unfähig, Demokratie und Frieden zu bewahren. Wie Sand im Getriebe sollte der Widerstand von unten sein.
Daraufhin reagierte die Kreisdienststelle des MfS. Mitarbeiter besuchten meine Nachbarn und fragten sie nach unseren familiären Verhältnissen aus. Diese erzählten Geschichten über meine Kinder, die sowieso alle wussten. Die beiden Söhne und die Tochter seien mächtig intelligent, wurde den Schnüfflern erklärt. Aber der eine Sohn liefe mit langen Haaren herum, hätte Jeans an, liebe Beatmusik und Mädchen. Und der andere würde am laufenden Band Ulbricht-Witze erzählen. So füllten sich die Akten mit dumpfbackigen Notizen zur persönlichen Lebensführung von Kindern und Jugendlichen. Es ist komisch und grauselig zugleich. Die piefigen kleinen Bürger saßen in den Amtsstuben der Stasi und behaupteten, sie würden so die Flamme der Revolution und den Fortschritt der Menschheit verteidigen. Dabei verkörperten sie durch ihre Bosheit, durch ihr Misstrauen und ihre Rachsucht das Klima des realexistierenden Sozialismus.

Lange überlegten die Herren, ob sie nicht das Pfarrhaus in unserer Abwesenheit besichtigen könnten. Es ist nicht gelungen. Neugierige Dorfnachbarn sind so etwas wie ein antigeheimdienstlicher Schutzwall. Aber einen ehemaligen Spielgefährten meines Sohnes hatten sie sich gegriffen. Wie er in die Mühle geraten ist, weiß ich nicht. Auf jeden Fall war er kein Überzeugungstäter, der mit Lust Jagd auf den Klassenfeind machte. Ein Bericht von ihm über uns liegt vor. Als ich ihn las, musste ich an Schwejk denken. Er erzählte, ich sei unheimlich klug. Werke von Marx, Engels, Lenin und Stalin würden meine Bücherregale füllen. Von Stalin besaß ich nichts. Von Lenin nur zwei Bände. Allerdings stand die vielbändige blaue Marx-Engels-Ausgabe in meiner Bibliothek. Dann wusste er weiter zu berichten, dass wir sehr gastfreundlich seien. Menschen aus nah und fern würden unser Haus bevölkern. Und schließlich sei ich im Dorf sehr beliebt, weil ich alte Leute und Kinder mit meinem Auto ins Krankenhaus fahren würde. Aber nun hätte mein Ansehen sehr gelitten, ich hätte mir einen Bart stehen lassen. Ich kann mir nicht helfen, ich kann dem jungen Mann von damals überhaupt nicht böse sein. Er zählt nur positive Sachen über mich auf, und dann fiel ihm ein, irgendwas Negatives muss er doch auch noch sagen. So kam er auf meinen Bart. Die Leute im Dorf sagten tatsächlich: »Herr Pastor, der Bart entstellt Sie!«
Ich will die Situation von damals nicht verniedlichen. Es ist unbestritten, dass in der DDR die Freiheitsrechte mit Füßen getreten wurden und Menschen aus politischen Gründen hinter Gefängnismauern verschwanden. Der Geheimdienst verbreitete Angst und Schrecken. Und doch war der Staat keine Hölle. Menschen trainierten die Bewahrung ihrer Würde, und selbst mein Hausspitzel speiste die Stasi mit einem Bericht ab, der eher in eine satirische Zeitschrift als in die Akte über einen Staatsfeind gehörte. Die DDR hatte viele Gesichter. Das wirkliche Leben von damals verschwindet hinter den eindeutigen Verdammungsurteilen von heute.
Solche Geschichten aus den Akten der Opfer für die Öffentlichkeit auszugraben, wäre schwierig, wenn das Stasi-Unterlagen-Gesetz nun im Sinne Helmut Kohls novelliert würde. Nach dem Kohl-Urteil können auch wichtige Personen der Zeitgeschichte ihre Akten für die Öffentlichkeit sperren. Es war

der Wille der letzten Volkskammer der DDR, dass das Wirken der Staatssicherheit in seiner ganzen Fürchterlichkeit und in seiner ganzen Lächerlichkeit im Licht der Öffentlichkeit erscheint. Die Schlussstrichmentalität von heute macht die Absicht von damals unmöglich. Es sieht so aus, als ob ostdeutsche Hoffnungen westdeutschen Interessen geopfert werden, damit das Agieren der Eliten im Dunkeln bleibt.

Francis Milwoky

Drehbuch für eine zersetzte Liebe

Im März 2002 bat der Forum Verlag Leipzig meinen deutschen Verleger Alexander Hussock, der im Revolutionsjahr '89 frühes Mitglied des NEUEN FORUM war und wenig später Mitbegründer der Hilfsorganisation für die Opfer politischer Gewalt in Europa HELP e.V, einen Essay für diesen Sammelband beizusteuern. Mein Verleger, der meine Vorliebe für die Gestaltung der privatesten Geschehnisse im Leben von Menschen kennt, gab diese Bitte samt Kopien aus dem Horror-Fundus der so genannten Gauck-Behörde nach New York an mich weiter. Er bemerkte dazu Folgendes: »Der Mann, dem Sie in den Akten begegnen werden, ist zwar kein Bundeskanzler, hat aber durchaus etwas mit unserem Bundeskanzler gemeinsam. So wie Letzterer in vorgerückten Jahren noch einmal die große Liebe und das große Glück fand und beides mit dem Ehebund besiegeln konnte, so plante der Mann aus den Akten es 1985. Auch er war schon 44 Jahre alt und wollte große Liebe und großes Glück mit einer Ehe krönen. Was jedoch unserem Kanzler in einer freien Gesellschaft mühelos gelang, das misslang diesem Mann unter der SED-Diktatur. Ihm standen zur Bekämpfung der in der Stasi personifizierten Niederträchtigkeit keine Mittel zur Verfügung. Denn dass die Eheschließung ›misslang‹, ist nur die Wahrheit unter der Wahrheit. Die Wahrheit ist: Seine Liebe wurde zersetzt, wie die Stasi das nannte, sein Glück zerstört. Ein großes Stück Leben wurde ihm

gestohlen, denn auch zerstörte Liebe und zerstörtes Glück sind gestohlenes Leben.«
Allein schon der kurze Monolog hätte mich neugierig gemacht, aber noch neugieriger war ich, weil ich wusste, dass der Mann aus den Akten Alexander Hussock war. Also vertiefte ich mich alsbald in das Drehbuch der zerstörten Liebe, das beweiskräftig dokumentiert ist durch Stasi-eigene Niederschriften, die – Gott sei's gedankt – nicht vernichtet werden konnten und als ewige Mahnung und Warnung für alle künftigen Generationen zugänglich bleiben müssen.
Alexander Hussock, ein gut aussehender Berliner, hatte ein bewegtes Junggesellenleben hinter sich, als er im Mai 1983 der schönen Karl-Marx-Städterin Inge Mai begegnete. (Der Name ist hier geändert.) Die Sächsin lebte in Scheidung. In der DDR konnte sie als privilegiert gelten, weil sie einen Kosmetiksalon besaß. Dieser Salon machte sie zwar nicht reich, da der sozialistische Staat die wenigen Gewerbebetriebe, die er zuließ, noch erbarmungslos knebelte. Jedoch war Inge Mai unabhängig und verdiente mehr als etwa eine Verkäuferin oder Krankenschwester. Aus dem, was Alexander Hussock zunächst für einen Urlaubsflirt gehalten hatte, wurde bald eine leidenschaftliche feste Verbindung, die an fast jedem Wochenende die Hürde der großen Entfernung zu überwinden hatte. Vier Stunden benötigte man mit dem Zug, um im technisch unterentwickelten sozialistischen Staat von Berlin nach Karl-Marx-Stadt zu gelangen. Eine Autofahrt dauerte ebenso lange. Doch der Honeymoon der Liebe wurde bald nicht mehr nur durch die Entfernung getrübt. Nach Wochen der Turtelei hatte Inge Mai natürlich herausgefunden, dass ihr geliebter Mann nicht nur kein sozialistischer Karrierist war, sondern, schlimmer, ein ausgesprochener Gegner des kommunistischen Systems. Er trug sich ständig mit Ausreisegedanken, schrieb an Büchern, die er im Westen verlegen wollte, und deckte SED und Behörden mit Eingaben oder Klagen ein. Inge Mai hingegen, obschon keinesfalls mit dem DDR-System einverstanden, hatte sich wie Millionen schweigend ins ihrer Meinung nach Unvermeidliche gefügt – wie Millionen hatte sie ihre leidliche Ruhe und ihr leidliches Ein- und Auskommen. Und wenn Alexander Hussock argumentierte, dass Schweigen und Ruhe, leidliches Ein- und Auskommen jeden Menschen zum Gelähmten machen,

was eines aufrechten Menschen unwürdig sei, dann brach Streit aus. Inge Mai entgegnete wütend, was er denn verlange von all den Menschen, die nur ein einziges Leben hätten. Die kommunistische Diktatur sei schließlich 1945 nach dem Ende der nationalsozialistischen allen ungefragt übergestülpt worden. Ob nun Männer und Frauen, die Familie und Kinder haben, opponieren sollten? Nur, um sich ins Gefängnis stecken zu lassen? Ob das ihren Kindern nütze? – Sicher nicht, erwiderte Alexander Hussock dann meist, sie nützen aber ihren Kindern auch nicht, wenn sie stumm und geduckt bleiben. Denn dann frisst die Diktatur Geist, Herz und Seele ihrer Kinder auf, macht sie zu lebenden Krüppeln. Kann das denn das Ziel eines einzigen Lebens sein?
In solchen Momenten flogen die Argumente hin und her, und mit der ungetrübten großen Liebe war's vorbei. Große Liebe blieb es dennoch. Alexander Hussock wollte heiraten, und Inge Mai schien es auch noch einmal wagen zu wollen. Konnte es da etwas geben, das die Heirat gefährden, die Liebe zum Erlöschen bringen würde?
Eines Tages im Frühjahr 1985 kam Inge Mai in ihrem Salon zitternd und blass Alexander Hussock entgegen. In der Mittagspause war ein Mann aufgetaucht, hatte sich als Kriminalbeamter aus Limbach-Oberfrohna vorgestellt und sie in ein konfuses Gespräch verwickelt. Danach hatte sie sich per Unterschrift zum Stillschweigen verpflichten müssen. Alexander Hussock erfasste die Situation sofort und rief aus: »Das ist die Stasi! Jetzt haben wir diese Verbrecher am Hals!« Und er verlangte kategorisch: »Du sagst gar nichts mehr und unterschreibst nichts. Wenn die etwas wollen, sollen sie Dich vorladen. Reichst Du diesen Verbrechern auch nur den kleinen Finger, verschlingen sie Dich mit Haut und Haaren!« Nur zu gut hatte er die gemeinen und verlogenen Methoden des MfS während seiner Untersuchungshaft als »Republikflüchtling« kennen gelernt. Doch weder Alexander Hussock noch Inge Mai ahnten, was nun auf sie zukommen würde ...
Von dem Ziel getrieben, Inge Mai als »Inoffizielle Mitarbeiterin« (IM) zu gewinnen, empfand das MfS Karl-Marx-Stadt das Liebesverhältnis zu Alexander Hussock als höchst störend. Hauptmann Georgi schlug deshalb am 8. Juni 1985 ein teuflisches und frei erfundenes Szenario vor, das ihm von Stasi-

Oberstleutnant Böhm bestätigt wurde. Georgi schrieb: »...wird eine fiktive Straftat, in welche der Hussock, A. einbezogen werden soll, vorbereitet. Dies betrifft folgenden Sachverhalt: Durch die Zollorgane der DDR wurden im grenzüberschreitenden Verkehr (Eisenbahn...) versteckte Hetzschriften und eine Mitteilung gesichert. Aus dieser Mitteilung geht hervor, dass die Täter beabsichtigen, ihre Methode zu ändern und die Schleusung der Hetzschriften per LKW/Bus vornehmen wollen. Damit ist ein gewisser H. zur Schaffung eines Stützpunktes beauftragt. Er wird einen ›Salon‹ an der F 95 einrichten. Weiterhin wurde ein zerrissenes Foto aufgefunden, auf welchem das Haus, wo sich der Salon der Mai, Inge befindet, erkennbar ist ... Entsprechend der rechtlichen Grundlagen wird die Mai zum Sachverhalt befragt. ... Termin: 18.6.85.« Weiter schrieb Georgi: »Hussock, A. unterhält ein widersprüchliches Liebesverhältnis zu der Mai. ... Zu Hussock liegen auf der Grundlage einer abgeschlossenen Operativen Personen-Kontrolle der HA II folgende operativ interessante Fakten vor: Nichtwähler, Verbindung zu BRD-Journalisten und BRD-Verlagen, Verbindung zu konterrevolutionären Elementen aus der VR Polen, welche z.Z. in der BRD leben. Gleichzeitig sollen die Kontakte genutzt werden, um schrittweise die Verbindung zu dem Hussock zu zersetzen. Die bisher bearbeiteten Widersprüche, Streit und Auseinandersetzungen bilden dafür die Grundlage. Die IME ›Hubert Mann‹ und ›Walter Nitsche‹ sind so instruiert, dass sie ebenfalls Ansatzpunkte für die mögliche Identität des H. setzen, ohne dafür Beweise zu liefern. Zur Unterlegung der Echtheit des Anliegens wird ein fiktives Protokoll gefertigt mit Anlage Teil einer Hetzschrift (Fotokopien R. Bahro, Die Alternative, Mitteilung über H., Teil eines Fotos vom Haus der Mai. T: 15.6.85), welches durch die Zollverwaltung an das MfS übergeben wurde. Die Überprüfung der Entwicklung des Kontaktes und der Ehrlichkeit der Mai erfolgt durch die Maßnahme 26A und den Einsatz der IM ›Hubert Mann‹ u. ›W. Nitsche‹.«
Das gefälschte Protokoll war schon fertig: »Durch den Zollfahndungsdienst wurde am 3.5.85 bei Kontrollhandlungen im D 77 ein im Abfallbehälter des 6. Waggons vorn verstecktes Paket mit folgendem Inhalt gesichert: 1 R. Bahro Rowohlt Verlag BRD ›Die Alternative‹, 1 Teilstück eines Fotos, 1 Mitteilung, Fotodokumentation der gesicherten Gegenstände, Täter: unbekannt.«

Inge Mai wurden die gefälschten Dokumente und das Foto ihres Hauses vorgelegt, verbunden mit der heuchlerischen Frage, ob sie denn einen gewissen »H.« kenne, der offenbar vorhabe, tausende Exemplare des »Hetzwerkes« von Rudolf Bahro im Abstellraum ihres Salons zu lagern. In Anbetracht der Haftvergangenheit und der politischen Einstellung ihres Freundes fiel die Manipulation bei Inge Mai auf fruchtbaren Boden. Und, schlimmer, ihre Liebe begann zu sterben, schlug manchmal sogar in Hass um. Sie wollte Alexander Hussock vorerst nicht mehr in Karl-Marx-Stadt sehen. Und wenn er – liebend, eifersüchtig, voller Hass auf die Stasi – doch kam, verhielt sie sich kühl und abweisend, oft sogar aggressiv. Dennoch bewahrte sie sich einen Rest von Misstrauen gegenüber dem MfS, wie ein Bericht des Hauptmanns Georgi vom 27. Juni 1985 belegt: »Der IM-Kandidat führte aus, dass er noch immer nicht richtig glauben kann, dass seine Person für ein subversives Verbrechen missbraucht werden soll. Ihm wurde deutlich gemacht und er wurde beauftragt, seinen Kontaktkreis Personen mit Vor- oder Nachnamen H. beginnend aufzuklären und ... zu benennen. Hierzu war zu erkennen, dass der IM-Kandidat noch Vorbehalte hat, ehrlich und offen über diese Personen zu sprechen. Er führte aus, dass er in der Vergangenheit eine schlechte Auffassung über das Ministerium für Staatssicherheit hatte und diesem Organ zwielichtige Handlungen zutraut. ... Der Kandidat wurde aufgefordert zu prüfen, inwieweit von seinem Kontaktkreis Handschriftenmaterial zu beschaffen ist, um eine Schriftidentifizierung der möglichen Täter vorzunehmen. Dazu sieht der Kandidat gegenwärtig keine Möglichkeit.«
So verschärfte der Hauptmann seinen Ton. Ob Inge Mai deshalb nachgab oder ob sie hoffte, sie und ihr Sohn könnten von einer Zusammenarbeit profitieren – plötzlich ging sie auf manche Wünsche des Hauptmanns ein, wie ein »Ausspracheberícht« vom 19. September 1985 und ein »Aktenvermerk« vom 1. Oktober 1985 belegen.
Alexander Hussock spürte, wie die Frau, die er immer noch liebte, mehr und mehr in die Fänge der Stasi geriet, ohne dass deren unsichtbare Polypenarme zu orten oder gar zu fassen gewesen wären. Er entschloss sich zu einem Schritt nach vorn, wobei er, um das MfS mit eigenen Waffen zu schlagen, zu einem Trick griff. Er habe eines der konspirativen Gespräche

zwischen Inge Mai und dem Hauptmann Georgi belauscht, was dessen Inkompetenz beweise, schrieb er in einem Brief an den Stasi-Minister Mielke und den SED-Diktator Honecker. »In der 2. Juliwoche 1985 fragte mich Frau Inge M. aus Karl-Marx-Stadt, mit der ich seit Jahren befreundet bin, ob ich Verbindung mit der zur Zeit in der VR Polen verbotenen Solidarnosc hätte. Als ich ihr auf den Kopf zusagte, woher dieser Unsinn komme, musste sie zugeben, was ich schon wusste, dass sie im Juni in ihrem Salon während der Arbeitszeit den Besuch eines einzelnen Mitgliedes der Staatssicherheit Karl-Marx-Stadt hatte und sie sich danach noch zweimal mit diesem Beamten in der Stadt treffen musste. Den Besuch im Salon hatte ich – da ich mich für 2 Wochen in Karl-Marx-Stadt aufhielt – am 19. Juni um die Mittagszeit sogar durch Zufall registriert. Bei dem Stadttreffen teilte der Beamte Frau M. mit, dass er von meinen Besuchen bei ihr wisse, und er fügte an diese Mitteilung eine Bemerkung über Solidarnosc an. Da der Hintersinn dieser Bemerkung unüberhörbar war, stellte Frau M. mich zur Rede. Und ich erwiderte, was ich an dieser Stelle auch dem Ministerium für Staatssicherheit in Berlin zur Kenntnis bringen möchte: Mein letzter Besuch in Warschau bei meinen Verwandten und Freunden war zu einer Zeit, da es Solidarnosc noch nicht gab. Es entzieht sich daher völlig meiner Kenntnis, ob jemand darin Mitglied ist. Ich muss daher das Ministerium für Staatssicherheit in Berlin bitten, solche Unterstellungen aus der Akte über mich zu streichen. Und dann frage ich mich, welches Recht ein Mitglied der Staatssicherheit in Karl-Marx-Stadt hat, mit solcher Aktennotiz bei meiner Freundin Stimmung gegen mich zu entfachen? Bekanntermaßen ist die Diffamierung des Freundes einer Frau das geeignetste Mittel, wenn man eventuell selbst persönliche Ziele bei dieser Frau im Auge hat ...
Doch nun einige Bemerkungen zu der von Frau M. unerwünschten und als nervliche und psychische Belastung empfundenen Annäherung eines einzelnen Mitgliedes der Staatssicherheit Karl-Marx-Stadt. Frau M. macht seitdem einen gequälten Eindruck. Auf meine Frage, ob man ihr etwas Konkretes vorgeworfen habe, antwortet sie mit Nein. Was will dieser einzelne Herr dann von Frau M.? Warum lässt er sie nicht in Ruhe? Frau M. arbeitet selbständig und ohne Angestellte und hat täglich

einen anstrengenden Arbeitstag zu absolvieren, oft ohne richtige Mittagspause. Zudem ist sie eine geschiedene, alleinstehende Frau mit einem 14-jährigen Sohn, der sie ebenfalls voll beansprucht. Nach der Verfassung unseres Staates wird eben solchen alleinstehenden Müttern mit Kind der besondere Schutz zugesichert, Artikel 38, Abs. 3, und in Abs. 2 die Fürsorge und Unterstützung durch besondere Maßnahmen. Dass aber von Schutz, Fürsorge und Unterstützung keine Rede sein kann, wenn Frau M., ohne dass man ihr etwas Konkretes vorzuwerfen hat, nervlich und psychisch belastet wird, das ist doch wohl klar. Und wenn durch diese nervliche und psychische Belastung auch noch die Arbeitsleistung gemindert wird, Arbeitsleistung, die ansonsten täglich Bedürfnisse der Bevölkerung befriedigt, dann frage ich mich, ob hier noch Staatssicherheit oder nicht etwa das Gegenteil betrieben wird? Es dürfte doch wohl auch für die Staatssicherheit Karl-Marx-Stadts dringlichere Aufgaben zu lösen geben ...
Frau M. hat von dieser meiner Eingabe keine Kenntnis. Ich bitte darum, dass ihr weder jetzt noch künftig Nachteile daraus erwachsen, wobei ich nicht an Fehlverhalten der Staatssicherheit im allgemeinen denke, sondern an ein denkbares Fehlverhalten aus Verärgerung und Wut dieses einzelnen Mitgliedes des Staatssicherheitsdienstes in Karl-Marx-Stadt, der nun ein dienstliches oder privates Ziel – vielleicht auch beides – als nicht erreicht betrachten muss. ... Desgleichen bitte ich um Schutz vor eventuellen Repressalien wegen dieser Eingabe und um das Unterbleiben künftiger Beobachtung! Wenn ich schon nicht so frei bin, dass ich auf dieser Welt, auf der ich nun einmal lebe, reisen darf, wohin ich möchte, und wenn ich schon nicht so frei bin, dass ich meine im anderen Teil Deutschlands lebende Mutter, die ich seit 36 Jahren nicht gesehen habe, besuchen darf, so möchte ich wenigstens in der DDR unbespitzelt und unbeobachtet meine Privatreisen machen dürfen! ... Ich hoffe, dass sich das Büro des Ministers nicht der lapidaren Praxis vieler unserer Institutionen bedient und diese Eingabe an die Person weiterleitet, über die ich mich beschwere oder an den Vorgesetzten dieser Person, mit welchem diese Person eventuell befreundet ist, und ähnliches mehr, sondern diese peinliche Angelegenheit von Berlin aus untersucht und geradeückt, und eine schriftliche Entschuldigung des Ministe-

riums für dieses entgleiste Verhalten eines seiner Mitarbeiter wäre wohl keine zu anspruchsvolle Forderung!«
Alexander Hussock wurde in einem Schreiben ohne Kopf, aber unterzeichnet »mit sozialistischem Gruß, Hagen« am 11. November 1985 ins Zimmer 6024 des Polizeipräsidiums am Alexanderplatz geladen. Der Schlipsträger, der ihn dort hinter verschlossenen Türen empfing, warnte ihn davor, seinen Mielke-Honecker-Brief im Westen zu verbreiten. Dann meinte er kaltschnäuzig, »dass man die Bevölkerung immer wieder zur Mitarbeit heranziehen« werde und »es doch menschlich sei, wenn einem MfS-Angehörigen eine Frau gefalle«. Er, Alexander Hussock, könne aber mit der Zusage nach Hause gehen, »dass man nunmehr die Frau Mai in Ruhe lassen« werde.
Dies konnte Alexander Hussock, solange die DDR existierte, nicht mehr überprüfen. Denn die Stasi hatte ihr perfides Ziel, die Zersetzung von Liebe und Partnerschaft, erreicht. Bald nach diesem mutigen Brief kam es zur Trennung. Erst nach 1990 erfuhr Alexander Hussock die ganze Wahrheit, als ihm die Behörde des Bundesbeauftragten für die Unterlagen des Staatssicherheitsdienstes einen Teil aus dem Vorgang »IM-Kandidat Mazda« schickte. Am 14. Februar 1986 hatte die Stasi Karl-Marx-Stadt – wahrscheinlich auf Weisung der Berliner Zentrale – den IM-Vorlauf »Mazda« geschlossen. Zwei Gründe wurden genannt: Der »Kandidat« habe sich gegenüber Alexander Hussock dekonspiriert, zudem habe Hussock »die inoffizielle Zusammenarbeit durch eine offizielle Eingabe an das MfS unterlaufen, gestört«.
Hätten nur mehr DDR-Bürger so unterlaufen, so gestört, dachte ich, als ich das letzte Blatt der Akte in Händen hielt. Und auch dies dachte ich noch: Wären der deutsche Bundeskanzler und seine Gattin Doris an der Stelle von Alexander Hussock und Inge Mai gewesen, würde Herr Schröder dann auch noch Akten des Stasi-Polypen, diese einzigen Beweismittel der Zerstörung ihrer Liebe und Partnerschaft, verschließen und diese verbrecherische Stasi damit vor der Wahrheit, die Entlarvung heißt, schützen wollen?

Roland Brauckmann

Das Bundesverdienstkreuz

Der Bischof wollte nicht. Er wollte den alt gewordenen Jugendpfarrer aus dem Heidedorf nahe Weißwasser einfach nicht für eine Auszeichnung mit dem Verdienstorden der Bundesrepublik Deutschland empfehlen. Der entsprechende Vorschlag des Landrats von Weißwasser im April 1993 verschwand nach einer Anfrage des Dresdner Regierungspräsidiums an den Arbeitgeber des Pfarrers in der Versenkung. Landrat Schulzes Ansinnen blieb hängen, weil die Görlitzer Kirchenleitung unter dem Vorsitz von Bischof Prof. Dr. Dr. Joachim Rogge es negativ beschieden hatte. 1996 sollten sogar die Beschlussvorlagen dazu unauffindbar sein, als der neue Bischof Klaus Wollenweber danach suchen ließ.
Anfangs wusste niemand in diesem waldreichen Landstrich am südöstlichsten Zipfel Deutschlands so recht einen Grund. War es eine alte persönliche Fehde, die den Pfarrer Hennerjürgen Havenstein und seinen Bischof Rogge entzweit hatte? Oft genug hatten die beiden Kontrahenten auf den Görlitzer Synoden über den Kurs dieser kleinen evangelischen Landeskirche in der DDR gestritten. Sollten sich die Kirchenführer dem sozialistischen Staat gegenüber loyal und kooperativ verhalten, oder sollten sie systematische Verletzungen der Bürgerrechte klar und deutlich beim Namen nennen?
So servil und subaltern der eine, so widerspenstig und ungezähmt der andere. Obwohl fast gleichaltrig, waren sie in der DDR-Gesellschaft sehr verschieden sozialisiert worden. Pfarrer Havenstein erlebte als Kind die Plünderungen und Vergewaltigungen der Roten Armee in dem Aussiedlerdorf Daubitz; danach den Kirchenkampf lokaler Behörden gegen Mitglieder der Jungen Gemeinde und wiederholte Anwerbungsversuche des Ministeriums für Staatssicherheit bei seinen Jugendlichen. Als Initiator eines evangelischen Kindergartens, einer Ortschronik

und früher Begegnungstreffen zwischen deutschen und polnischen Jugendlichen war sein lokaler Einfluss erheblich. Dabei wurde er verschmitzt von seinen Superintendenten gedeckt und unterstützt. Zwischen 1968 und 1990 legte die Staatssicherheit über Havenstein Sonderkriminalakten an und »bearbeitete« ihn in Operativen Vorgängen mit Kampfnamen, wie »Wühlmaus«, »Vikar« und »Orgel«. Achtundfünfzigjährig wurde er 1989 über Nacht zum Lausitzer Beauftragten für das NEUE FORUM gewählt und vom Kreis um Bärbel Bohley bestätigt. Er starb 2001.
Ganz anders dagegen der Lebenslauf von Joachim Rogge (1929 – 2000). Theologisch promoviert und mit einer Ehrendoktorwürde versehen, wurde er 1986 anlässlich seines Amtsantritts als Bischof von Görlitz noch dazu mit einer Honorarprofessur der Berliner Humboldt-Universität ausgestattet. Rogges Wahl als Bischof sei »Stolz und Genugtuung der realistischen Kräfte«, berichtete der Abteilungsleiter für Inneres beim Rat des Bezirkes Dresden, Lewerenz, und zwar gleich dreifach: der SED, dem Rat des Bezirkes und dem MfS. Der frühere Leiter der Berliner Kanzlei der Evangelischen Kirche der Union »lege großen Wert auf diese Professur«, wusste auch der Spezialist für Inneres vom Rat des Kreises Görlitz, Werner. Beide Staatsvertreter waren im Rahmen des »politisch-operativen Zusammenwirkens« als Experten-IM (IME) gleichzeitig dem kommunalen Apparat, der Partei und dem Geheimdienst berichtspflichtig.
Des Bischofs Antrittsschreiben an Werner war Programm: »Ich freue mich auf ... das gedeihliche Verhältnis zwischen Staat und Kirche. Ich habe hier in Berlin mit Staatssekretär Gysi und anderen leitenden Persönlichkeiten der Staatsmacht ein gutes Einvernehmen gehabt. ... Mit hochachtungsvoller Begrüßung bin ich Ihr sehr ergebener Joachim Rogge.«
Einen Monat nach diesem Schreiben registrierte der MfS-Oberst Joachim (Jochen) Wiegand einen neuen Mitarbeiter: den IMS »Ferdinand« – Beruf: Bischof/Theologe – Arbeitsstelle: Evangelische Kirche Görlitz. Der neue Mann genoss höchsten Quellenschutz. Am 3. Dezember 1989 wurde seine Akte, von Wiegand persönlich quittiert, in der Berliner Normannenstraße dem Reißwolf übergeben.
Nur in den Arbeitsakten Dritter finden sich heute noch Spuren seiner Tätigkeit. So vertraute der Bischof im Sommer 1989 dem

Abteilungsleiter Werner beim Rat des Kreises an, dass beide soeben »... aus Gläsern eines Kristallservice trinken, welches er als Geschenk des MdI für seine vertraulichen Dienste beim Luther-Jahr erhalten habe. Dabei betonte er seine guten Beziehungen zu ›Jochen‹ in Berlin, aber er solle nicht darüber reden.« (BStU AIM 8865/90 IME »Michael«)
Beim Rat des Bezirkes Cottbus hatte Bischof Rogge postuliert: »In keiner Weise wollten Christen Sand im Getriebe sein. Die Aktivitäten Erich Honeckers machten es der Kirche leicht, die Friedenspolitik unseres Staates zu unterstützen.« Staatsvertreter Werner wiederum notierte in doppelter Eigenschaft als Innenreferent und IM: »Von sich aus sprach der Bischof die Verhaltensweisen des Pfarrers HAVENSTEIN, Hennerjürgen ... an. Welcher im Beisein staatlicher Vertreter sinngemäß zum Ausdruck gebracht hätte, dass die Bürger der DDR bezüglich der gegenwärtigen Politik in Angst und Unzufriedenheit leben würden. Er habe sich intensiv mit Havenstein auseinandergesetzt und zumindest neutralisierende Wirkungen erreicht ...«
Neutralisiert wurde auch 1993 noch das Bundesverdienstkreuz für Havenstein.
Als Anfang 1996 Landrat Schulze, zu DDR-Zeiten ebenfalls im OV »Schreiber« als »feindlich-negativ« bearbeitet, einen neuen Antrag stellte, mischten sich Bürgerrechtler ein. Alle hatten diese Auszeichnung inzwischen erhalten – nur Havenstein war »vergessen« worden. So unterschiedliche Persönlichkeiten wie Bärbel Bohley, Christian Führer, Martin Gutzeit, Katja Havemann, Ulrike Poppe, Rudi Pahnke, Uwe Schwabe und Christoph Wonneberger appellierten an den Bundespräsidenten, »den langjährigen Kreisjugendpfarrer und aktiven Widerstandskämpfer gegen das Unrecht und die Willkür im SED-Staat« endlich auszuzeichnen. Sie begründeten: »Der lokal gut bekannte Pfarrer wurde wegen seiner kompromisslosen Haltung gegenüber dem SED-Unrecht im Raum der heutigen Evangelischen Kirche der schlesischen Oberlausitz in gestaffelten ›Operativen Vorgängen‹ gezielt ›zurückgedrängt‹. Havensteins Stimme war es, die in Synoden und kirchlichen Veranstaltungen die Willkürmaßnahmen des SED-Staates klar beim Namen nannte. Während der Wendezeit wuchs das örtliche Neue Forum auf 1.400 Mitglieder. Die herausragende Rolle, die der DDR-Staat der Haltung dieses einfachen Pfarrers jahrzehntelang beimaß,

wurde 1996 durch die aufgefundene Aktenlage der in zweijähriger Recherche entstandenen zeithistorischen Forschungsarbeit ›Rückblick. Die Görlitzer Kirche und das MfS‹ ... detailliert bestätigt.
Fortwirkende Interessen von mehreren, als IM geführten kirchlichen Vorgesetzten von Havenstein sowie privilegierten Nomenklaturkadern aus der DDR-Führungsschicht konnten eine bereits 1993 eingeleitete Ehrung noch verhindern.«
Im Juli 1996, fünf Jahre vor seinem Tod, wurde der furchtlose Pfarrer endlich doch noch im Dresdner Regierungspräsidium ausgezeichnet. Die Medien nahmen kaum Notiz davon.
»Unter Nutzung aller Möglichkeiten – nicht nur der tschekistischen – ist der Differenzierungsprozess in den Kirchen, insbesondere den kirchenleitenden Gremien, zu fördern.« Der Geheimdienst MfS kämpfte gegen die Bevölkerung der DDR mit solchen unlauteren Mitteln. Die geschürten Differenzen endeten nicht plötzlich mit dem Untergang der DDR. Aus politischen Gründen erzwungene Karrierebrüche fähiger Menschen blieben bestehen, während sich die Nomenklatura der Partei rasch wendete und mit ihrem Herrschaftswissen lukrative Positionen in der ostdeutschen Gesellschaft und in der Wirtschaft eroberte.
Diese Geschichte hätte nicht geschrieben werden können ohne den historisch einmaligen Einblick in das Herrschaftswissen der Täter in Ostdeutschland. Weil wie im Fall Rogge die kirchenleitenden IM oft höchsten Quellenschutz genossen, beschreiben manchmal nur noch Anmerkungen in den Akten von »Amtspersonen« die Zivilcourage bisher unbekannter Ostdeutscher.
Mit der jetzigen Praxis des Abwinkens und Verdeckens ist eine Demütigung ostdeutschen Lebensgefühls verbunden. Wir waren kein Volk von Spitzeln. Falsch verstandene Fürsorge für ein »Volk von Mitläufern« wird unserer Realität nicht gerecht. Neben aussterbenden persönlichen Erinnerungen erzählen nur noch diese Akten der Behörden, der Partei und des Geheimdienstes in den Archiven der BStU, der Länder und Städte Ostdeutschlands vom Mut und Widerstand vieler unbekannter DDR-Bürger. Sollen diese Namen nun verschwinden hinter der Mauer eines Schweigens, die ein missverstandenes Datenschutz- und Persönlichkeitsrecht durchs Land zieht?

Hans-Jürgen Fischbeck

Vom Herrschaftswissen zum Wahrheitswissen

Im riesigen Aktenbestand des MfS sammelte das SED-Regime geheimes Wissen an, Wissen über Personen, Vorgänge und Hintergründe, Wissen zur Ausübung und Stabilisierung seiner Herrschaft, kurz, Herrschaftswissen. Es war Wissen, das einerseits stimmen sollte und musste – um dies einigermaßen zu sichern, bespitzelte die Stasi sich selbst – und andererseits nicht wahr sein konnte, denn das Wesen der Wahrheit ist, dass sie gesagt wird, also für die Betroffenen offen ist. Das Wesen von Herrschaftswissen aber ist das Gegenteil, ist die Geheimhaltung. Konspirativ erworbenes Wissen kann im eigentlichen Sinne nicht wahr sein, selbst wenn es – oberflächlich gesehen – stimmt. Geheimhaltung ist das Kainsmal unwahrhaftigen Wissens.

Der stabilisierende Zweck dieser heimtückischen Wissensbeschaffung war die Erzeugung von Angst davor, dass die Stasi unbotmäßiges Verhalten »sowieso« erfährt und die dann Inkriminierten »diszipliniert«, wie es im Jargon des MfS hieß.

Der Zusammenbruch des SED-Regimes, der wesentlich durch einen Dammbruch dieses »Walles der Angst« herbeigeführt wurde, hinterließ dieses Herrschaftswissen ohne Herrschaft wie einen Toteisblock. Er hinterließ aber auch ein dunkles Gewölk gestörter und vergifteter Beziehungen, denn alle wussten immerhin so viel, dass zwischen Herrschern und Beherrschten, zwischen denen es ein Gefälle, aber keine scharfen Grenzen gab, geheime Zuträger dieses Herrschaftswissens in großer Zahl am »Werk« waren. Jeder konnte jeden verdächtigen.

Durch Misstrauen gestörte Beziehungen sind eine Gefahr für den inneren Frieden besonders da, wo die als Zuträger Verdächtigten und deren eventuelle Opfer weiter zusammen leben und arbeiten müssen. Innerer Frieden ist nur möglich, wenn

aus Lüge Wahrheit, aus Herrschaftswissen Wahrheitswissen werden kann. Die Voraussetzungen dafür zu schaffen und zu sichern, ist die Aufgabe der Gauck-Birthler-Behörde.
Wie kann das geschehen? Wie kann aus unwahrhaftigem Herrschaftswissen Wahrheitswissen werden? Die Grundvoraussetzung ist die Offenlegung und Aufdeckung des zuvor geheimen Materials. Das genügt aber nicht. Licht und Wärme müssen ran. Das kann nur dadurch geschehen, dass dieses Wissen ins Gespräch gebracht wird, damit Wahrheit daraus werden kann. Es muss dies ein öffentliches Gespräch sein, wo es um Angelegenheiten öffentlichen Interesses geht, und ein vertrauliches unter den Betroffenen, wo es um die Gesundung gestörter persönlicher Beziehungen geht. Diese öffentliche Debatte und die vielfältigen Gespräche unter Betroffenen können nur von und in der Gesellschaft selbst geführt werden. Das Stasi-Unterlagen-Gesetz muss dies möglich machen durch einen differenzierten und sensiblen Zugang zu den Akten. Obwohl das Befriedungsziel durchaus nicht immer erreicht wurde, ist aus meiner Sicht eine positive Zwischenbilanz der Arbeit der Gauck-Birthler-Behörde und ihrer Rechtsgrundlage, des Stasi-Unterlagen-Gesetzes, zu ziehen. Nicht erreicht wurde das Ziel dann, wenn die Regelüberprüfung allein durch Fragebögen und deren formal-bürokratische Auswertung geschah. Nicht erreicht wurde es dann, wenn es den Medien eben nicht um Wahrheit, sondern um auflagen- oder quotenträchtige Enthüllungssensationen ging.
Eine Novellierung des Stasi-Unterlagen-Gesetzes nach dem Urteil des Bundesverwaltungsgerichtes zu den Kohl-Akten sollte helfen, Missbräuche besser zu verhindern als bisher, darf aber auf keinen Fall etwas am Grundsatz der differenzierten und qualifizierten Offenheit der Stasi-Unterlagen im Sinne irgendwelcher Schlussstriche ändern.
Im Folgenden möchte ich über ein gelungenes Beispiel einer Transformation von Herrschafts- in Wahrheitswissen berichten, das zugleich wichtiger Bestandteil eines gelungenen Stücks deutsch-deutscher Vereinigung war: 1991 empfahl der Wissenschaftsrat die Angliederung des Instituts für Hochenergiephysik (IFH) in Zeuthen bei Berlin an die Großforschungseinrichtung DESY (Deutsches Elektronen-Synchroton) in Hamburg, weil beide Institute auch zu DDR-Zeiten vergleichsweise gut

kooperiert hatten. Dies war eine große Chance, denn nur wenige wissenschaftliche Einrichtungen der DDR konnten und sollten nahezu vollständig in das gesamtdeutsche Wissenschaftssystem überführt werden. Zwar mussten sich auch hier alle Mitarbeiter(innen), die es wünschten, neu bewerben, aber die angebotenen Arbeitsstellen standen ihnen doch vorzugsweise offen. Somit war die Angliederung des IFH an das DESY ein Stück direkter und besonders intensiver deutsch-deutscher Vereinigung. Damit war aber auch das besondere Problem verbunden, dass die latent vergifteten Beziehungen unter den Mitarbeitern des IFH fortbestehen und die Arbeitsatmosphäre unter den neuen Bedingungen belasten könnten. Auch war es wichtig, einem etwaigen Generalverdacht, den westdeutsche gegenüber ostdeutschen Kollegen hegen könnten, durch eine gewissenhafte Stasi-Überprüfung vorzubeugen. Deshalb beschloss das DESY-Direktorium, eine Integritätskommission zu berufen und ihr die Regelüberprüfung aller Bewerber(innen) aus dem IFH anzuvertrauen. Das war gewiss nicht ungewöhnlich. Wichtig aber war, dass ihr Auftrag nicht etwa die Feststellung von Schuld oder Unschuld, sondern die vorsorgliche Sicherung des inneren Friedens war. Dementsprechend war die Zusammensetzung der Kommission mit Bedacht so gewählt, dass die spezifisch ostdeutschen Lebens- und Arbeitserfahrungen im Wissenschaftsbetrieb maßgeblich waren, ohne dass sich dabei etwaige Institutsrivalitäten auswirken konnten. Ihrem Auftrag entsprechend war es der Grundsatz der Kommission, alle Bewerber(innen), die sich, wo dies in Zweifel stand, »ehrlich machen« würden, zur Übernahme zu empfehlen auch dann, wenn Stasi-Verbindungen bekannt würden. Somit ging es direkt darum, aus geheimem Wissen, das einmal Herrschaftswissen war, Wahrheit und Wahrhaftigkeit werden zu lassen. Es wurde Gebrauch gemacht von den amtlichen Fragebögen des Landes Brandenburg. Die Kommission prüfte alle beantworteten Fragebögen und lud diejenigen, bei denen Fragen offen blieben oder bereits Stasi-Verbindungen eingeräumt wurden, zu intensiven Einzelgesprächen ein und suchte, dieses Ziel offenen Eingestehens und Verstehens zu erreichen. Leider ergab die Überprüfung der Bewerber(innen) durch die Gauck-Behörde, dass nicht alle ihre Fragebögen redlich und ehrlich ausgefüllt hatten. Diejenigen, die die Kommission abermals zu

täuschen versucht hatten, wurden erneut zu teilweise sehr schmerzhaften Gesprächen weit entfernt vom Institut eingeladen. Immerhin ging es darum, nicht nur die Stasi-Verstrickung, sondern auch noch die Motive dafür offen zu legen, warum das Vertrauensangebot der Integritätskommission nicht angenommen und statt dessen versucht wurde, es zu hintergehen. Es wurde deutlich, dass Wahrheit mit Ehrlichkeit verbunden sein muss, um Wahrheit zu sein. Wo Ehrlichkeit erreicht wurde, erhob die Kommission keine Bedenken. Sie beendete ihre Arbeit mit einem Rechenschaftsbericht in der Mitarbeiterversammlung des Institutsteils DESY-Zeuthen, in der es noch einmal zu einer Stunde der Wahrheit kam.
So hatte die gewissenhafte Stasi-Überprüfung ihren Anteil daran, wenn am 10. Jahrestag der Gründung von DESY-Zeuthen am 30. Januar 2002 festgestellt werden konnte, dass die Neukonstituierung des Institutsteils gelungen ist. Erfolge wie die Entwicklung einer leistungsfähigen Elektronenquelle für den neuen Linearbeschleuniger des DESY stehen dafür.

Helga Schubert

Zwölf Jahre und 27 Wochen danach

Merkwürdigerweise sammelte das Ministerium für Staatssicherheit der DDR in seiner Hauptabteilung IX die Akten der Euthanasie-Opfer, die 1941 in den Tötungsanstalten Bernburg, Brandenburg und Pirna-Sonnenstein ermordet wurden, alles Orte, die später unter die Besatzung der Roten Armee gerieten, und behielt die Dokumente kontinuierlich unter Verschluss. So lagen sie da, wo sie gar nicht hingehörten, als die Hinterlassenschaft des Geheimdienstes gesichtet wurde ab 1990. Und die Angehörigen denken noch heute, dass ihre depressive Oma an Grippe gestorben ist, wie es auf dem Totenschein von 1941 gestanden hat. Die Staatssicherheit der DDR als Hüter des Mordgeheimnisses der Nazi-Ärzte. Diese Akten sind jetzt da,

wo sie hingehören, im Bundesarchiv. Dort habe ich 179 Patienten-Akten Ermordeter gelesen. Auch ihretwegen müssen die Archive zugänglich bleiben. Und vielleicht sollten auch die MfS-Akten ins Bundesarchiv, nur ohne Sperrfristen?
Gleich zu Anfang, ehe ich es versäume, mich klar auszudrücken, und ehe ich mit meinen Ambivalenzen und Assoziationen die geneigten Leser verwirre, seien sie nun Bundeskanzler oder Bundestagsabgeordneter auf Zeit oder Leser ihr Leben lang: Ich bin dafür, dass die hinterlassenen personenbezogenen Akten des Ministeriums für Staatssicherheit der DDR zugänglich bleiben.
Punkt.
Aber: Es steht so vieles Wichtiges, Gutes, Tapferes und Ermutigendes nicht in den Akten. Du gleichst dem Geist, den Du begreifst, nicht mir, dachte ich frei nach Goethes Satz im »Faust« beim Lesen der Beobachtungsakte über mich wegen des »Verdachts der staatsgefährdenden Hetze und Diversion«, geführt von 1975 bis 1989. Feindlich-negativ soll ich gewesen sein. Einen winzigen Teil von mir haben sie nur gewusst.
Beim ersten Versuch, diesen Text zu schreiben, meine Meinung zur geplanten Gesetzes-Neufassung und zum Umgang mit diesen Akten zu äußern, streikte mein Computer. Schwerer Ausnahmefehler. Dann stürzte er endgültig ab, die Festplatte musste ausgetauscht werden, und mit ihr verschwanden meine 90 ausgewogenen Zeilen zu diesem Thema, die ich nirgendwo außerhalb gesichert hatte. Das ist ja wie im wirklichen Leben, dachte ich: Man kann täglich neu anfangen. Und: Was wäre, wenn der ganze riesige, banale und kriminelle Text, an dem die hauptamtlichen, also namentlich bekannten, Angestellten der Staatssicherheit und ihre Inoffiziellen Mitarbeiter jahrzehntelang konspirativ gewerkelt haben, mit dem Untergang seiner Auftraggeber Ende 1989 auch abgestürzt wäre? Alle hätten ein zweite Chance gehabt, die Täter und die Opfer, denn niemand wüsste, ob er ermordet werden sollte oder ob der eigene Ehemann einen vielleicht im geheimen staatlichen Auftrag geheiratet hat, um einen besser in Kontrolle zu haben im Interesse des Friedens und des Sozialismus. Das mit dem geplanten Mord hätte einem vielleicht jemand nach der Wende gemütlich beim Tee erläutert und gelacht: Aus heutiger Sicht ist das anders und nicht mehr nötig. Und der abgeordnete Ehemann hätte sich ja

scheiden lassen können, warum soll er nun noch mit dieser Ehefrau schlafen, wenn es keinen Führungsoffizier mehr gibt und der statt dessen als Immobilienmakler, Geschäftsführer eines Verlags oder Rechtsanwalt und Notar schuften muss? Alle Aufklärungsversuche des Umfelds, alle Maßnahmepläne, alle Zersetzungsversuche wären vernichtet. Alle Inoffiziellen Mitarbeiter hätten ihre zweite Chance nach der Wende unbehelligt leben können: Die Großschriftsteller, die Parteivorsitzenden, die Ministerpräsidenten, die Radio- und Fernsehmoderatoren, sogar der Cheforganisator des 31. Deutschen Turnfestes in Leipzig mit seiner Spionagetätigkeit für die Nationale Volksarmee. Die Verwickelten, Erpressten, die einfach gestrickten Fanatiker und die parfümierten Karrieristen stehen nun aber da wie in einer wissenschaftlichen Versuchsanordnung über menschliches Verhalten in einer Diktatur, wie hinter einer einseitig durchsichtigen Wand, die für den heimlich Beobachteten wie ein Spiegel wirkt. Denn normalerweise wird einem ein solcher Verrat an anderen Menschen erst beim Jüngsten Gericht vorgehalten und nicht schon ein halbes Jahr später und dann noch weitere zwölf Jahre und 27 Wochen.
Ich war gut gerüstet gegen die Enttäuschungen nach 1990, denn ich hatte die Akten von Denunziantinnen aus der Nazizeit gelesen, deren Opfer sogar vor dem Volksgerichtshof zum Tode verurteilt worden waren. Auch sie kamen nach dem Kriegsende mit wenigen Monaten Gefängnis weg, nur wegen Beihilfe zur Freiheitsberaubung. Mir genügte es schon, dass endlich einige DDR-Verantwortliche angeklagt wurden, ob sie nun nach den Prozessen in ihre Marzahner Plattenbauwohnung zurückkehren mussten oder in den gepflegten Knast in Berlin-Moabit durften, mir genügte es, sie als gewöhnliche Kriminelle behandelt zu sehen, als Anstifter zum Mord.
Das weiß ich alles selbst, ich habe doch meinen eigenen Kopf, dazu brauche ich keine Akten des MfS, sagte meine Nachbarin gestern beim Gratulationsvormittag für unseren Landarzt hier in einem mecklenburgischen Dorf, ich sehe sie doch alle, die sind doch noch da, und ich weiß doch, was sie damals gemacht haben, meinetwegen kann es mit dem Aktenzugang so bleiben wie bisher, ist doch ganz gut gelaufen.
Hat mein Literatur-Schutzengel die Festplatte entzwei gehen lassen? Und hat er mich so vom Irrweg meiner ersten 90 aus-

gewogenen Zeilen abgebracht, mir eine zweite Chance eröffnet?: Fall Dir nicht in den Rücken, sei beim Schreiben nicht so vernünftig und nicht so relativierend, damit kannst Du Richterin werden, aber keine Schriftstellerin. Verbirg nicht Deinen Schmerz über so viele eingeschlossene Lebensjahre in der DDR mit ihren Demütigungen, sprich von Deiner Scham über Deine Kompromisse und Deinen Ekel vor denen, die Dich fast ohnmächtig gemacht haben, die Deine Kraft fast erschöpften und Deinen Humor manchmal bitter werden lassen, sprich von Deinem Glücksgefühl darüber, dass Du als erwachsene Frau eine Diktatur zusammenbrechen sahst und Du nicht faul und feige von den Fensterbrettern der Hochhäuser am Berliner Alexanderplatz aus auf einem Kissen unter den Ellenbogen ängstlich zugesehen hast, wie sie unten demonstrierten, sogar auf die Fahrbahn hast Du Dich getraut, mit all den andern Tausenden, von denen viele vielleicht ganz froh waren, dass ihr eigenes erbärmliches Doppelleben nun ein Ende finden wird, die hofften, dass es nie herauskommen wird.
Reue und Scham empfinde er mir gegenüber, und er entschuldigte sich bei mir, der Staatssicherheitsoffizier, der mich von 1975 bis 1989 observieren ließ. In der Zeit der Wende, als seine Frau Angst hatte, ihnen könnte etwas passieren, hat er sie gleich beruhigt, sagte er mir bei einer Dokumentarfilmaufnahme. Von uns gehe bestimmt keine körperliche Gefahr für sie aus, wir wollten nur, hat er sie beruhigt, kein Meinungsmonopol, keine Privilegienwirtschaft, eigentlich wohl eine andere Gesellschaftsordnung. Mehr nicht. Das hatte er ja immerzu auf die Karteikarten getippt. Und so steht es nun in den Akten. Es ist gut, wenn man das lesen kann.

Richter und Urteile

Reinhard Dobrinski

Wie der Einigungsvertrag missachtet wird

Anfang der 70er Jahre im brandenburgischen Kreis Königs Wusterhausen: Ein Kleinunternehmer, nennen wir ihn Herrn G., gerät unter MfS-Beobachtung. Der Grund: Dem Blumenhändler und Kunstblumenhersteller war mit selbst entwickelten Automaten eine stabile effiziente Produktion von Pflanzgefäßen aus Schaumpolystyrol (heute: Styropor) gelungen. Fassungslosigkeit in den volkseigenen Kombinaten, denn was der Kleinunternehmer als Autodidakt bewerkstelligt, schaffen deren Forschungs- und Entwicklungsbereiche trotz massiven Mitteleinsatzes nicht. Der Bedarf an Automaten muss dort weiterhin durch Importe aus dem »Nichtsozialistischen Wirtschaftsgebiet« gedeckt werden, peinlich gegenüber der SED-Obrigkeit. Auf MfS-üblichem Wege fließen nun über Privatsphäre und Firma des Herrn G. Informationen, die mit der Werteordnung des Sozialismus unvereinbar sind. Über Haus und Garten wird dem MfS beispielsweise zugetragen, dass Sans Souci nicht schöner sei. Und, eine Verderben bringende Fehlinformation: Der betriebliche Gewinn (Gewinn vor Steuern) wird als persönlicher Gewinn ausgewiesen. Damit ist der ideologische Nährboden für die Mutmaßung, es mit einem Spekulationsverbrecher zu tun zu haben, bereitet. Zunächst wird Herr G. mit so genannten Mehrerlösverfahren überzogen, weil er angeblich zu hohe Preise berechnet. Obwohl das nach Paragraf 170 des DDR-Strafgesetzbuches – Verletzung der Preisbestimmungen – ein Straftatbestand ist, wird ein Ermittlungsverfahren gar nicht erst eingeleitet. Statt dessen ordnet der Abteilungsleiter Finanzen beim Rat des Kreises Königs Wusterhausen eine Mehrerlösabführung von 285.000 Mark an bei gleichzeitiger sofortiger Fälligkeit eines Rationalisierungskredites über 60.000 Mark. Ein Verfahren, das auf die Vernichtung

der betrieblichen und privaten Existenz hinausläuft. Es schlägt fehl nur deshalb, weil das von Herrn G. angerufene zuständige »Preisbildungsorgan« die Vorwürfe nicht mitträgt. In den MfS-Akten wird der vergebliche Anlauf enttäuscht und mit bemerkenswerter Offenheit abgehakt: »Durch die regulierende Maßnahme der Abt. Finanzen des Rates des Kreises Königs Wusterhausen wurde versucht, den Gewinn des G. zu kürzen.«
Ab 1972 werden die letzten privaten und halbstaatlichen Industriebetriebe in »Volkseigentum« überführt. Herr G. widersetzt sich dieser Politik, die den »Sieg der sozialistischen Produktionsverhältnisse« vollenden soll. Das hat Folgen. In der Freizeit widmet sich Herr G. dem Sammeln von Briefmarken und Münzen; Tausch, Kauf, Annoncierungen und Auktionen gehören dazu. Am 26. November 1973 vereinbaren vorgebliche Angestellte des VEB Philatelie Wermsdorf, tatsächlich aber wohl MfS-Mitarbeiter, mit Herrn G. einen Treff. Das Interesse gilt neben einer seltenen Münze einer philatelistischen Rarität, einem Fehldruck der »Thüringer Friedensweihnacht«. Echtheit und Wert von Marke und Münze sollen bis zum Folgetag festgestellt werden. Goldbarren werden als »Rücktauschpfand« übergeben.
Doch am Folgetag wird der Kleinunternehmer in aller Frühe verhaftet. Bei der begleitenden Hausdurchsuchung werden die Goldbarren, die Briefmarken- und Münzsammlung, Privat- und Geschäftsunterlagen sowie Sparbücher beschlagnahmt. Innerhalb von 24 Stunden erstellt der Direktor der Klinik Teupitz auf telefonischen Zuruf ein psychiatrisches Gutachten, das Herrn G. als Egozentriker und »Sonderling« bezeichnet. Der Tatvorwurf lautet jetzt auf »Zollverbrechen, Verbrechen gegen die Geldverkehrsordnung und Steuerverkürzung«. Wie in allen vergleichbaren Strafprozessen wird auch im Fall von Herrn G. das DDR-Steuerrecht gebeugt – durch vorsätzlich falsche Vermögensermittlung und -bewertung einschließlich Manipulation von Gutachten, Versagung von Steuerbefreiungen und Nichtbeachtung von steuerlichen Obergrenzen. Trotzdem verurteilt ihn das Bezirksgericht Potsdam im Oktober 1974 zu fünf Jahren Haft, 50.000 Mark Geldstrafe und Einziehung von Goldmünzen und -barren. Neun Monaten in der Potsdamer U-Haftanstalt des MfS folgen mehr als zwei Jahre in Bautzen. Nach zwei Jahren, zehn Monaten und vier Tagen muss Herrr G.

aus gesundheitlichen Gründen entlassen werden. Als Nachschlag zum Strafurteil hat ihm der Rat des Kreises Königs Wusterhausen während der Haftzeit die Gewerbeerlaubnis entzogen. Das Lebenswerk des Herrn G. ist vernichtet. Nach 1990 betreibt er die Kassation des Strafurteils, die über Jahre verschleppt wird. Dazu später.

Das Forum zur Aufklärung und Erneuerung e.V. stellt sich der Aufarbeitung der DDR-Vergangenheit, berät und begleitet insbesondere Opfer von Strafverfolgung und Enteignungen bei der straf- und verwaltungsrechtlichen Rehabilitierung. Solche Verfahren haben wir seit Abschluss des Vertrags vom 31. August 1990 zwischen der Deutschen Demokratischen Republik und der Bundesrepublik Deutschland über die Herstellung der deutschen Einheit verfolgt. Aus Kenntnis der Lage vieler Opfer des DDR-Unrechts berührte es uns daher zutiefst, als Bundesinnenminister Schily, begleitend zum Rechtsstreit von Altkanzler Kohl gegen die Bundesbeauftragte für die Unterlagen des Staatssicherheitsdienstes, glaubte mit einem selbst verliehenen Weisungsrecht die Herausgabe von Akten verhindern zu müssen. Und zwar mit der Begründung, dass Herr Kohl Stasi-Opfer gewesen sei. Dringenden Änderungsbedarf am Stasi-Unterlagen-Gesetz machte er daran fest, dass im Umgang mit den MfS-Akten die Rechte von Opfern bedroht seien.

Zu keiner Zeit gab es irgendeinen Anlass für diese Besorgnisse des Herrn Schily – an ihrem Ursprung aber kann es keine Zweifel geben. Eine parteiübergreifende Allianz zur Entsorgung des von der DDR ererbten Herrschaftswissens bildete sich schon bald nach der Verabschiedung des Stasi-Unterlagen-Gesetzes. Der damalige Bundeskanzler und spätere Kläger Helmut Kohl gehörte von Anbeginn dazu. Am 4. November 1993, keine zwei Jahre, nachdem er das Gesetz mit eigenhändiger Unterschrift dem Bundespräsidenten zur Ausfertigung zugeleitet hatte, nannte Kohl während einer Anhörung der Enquete-Kommission zur »Aufarbeitung von Geschichte und Folgen der SED-Diktatur in Deutschland« die MfS-Akten ein »Ärgernis«: »Wir haben keine Freude daran, und Historiker werden später auch keine daran haben.«

Allerdings blieb damals wie heute ungewiss, wie die erforderlichen Mehrheiten für den von Kohl nahe gelegten Umgang

mit den Akten zu beschaffen seien. Zustimmung empfing der Bundeskanzler zwar von Friedrich Schorlemmer, der die deutscheste Lösung »Einäscherung der MfS-Akten« empfahl, und dem Architekten der so genannten Ostverträge, Egon Bahr. Die meisten sahen das aber anders. Auch ich, der ich bei der Anhörung im Reichstag zugegen war, schrieb noch am selben Tag an Helmut Kohl, wohin die Vernichtung oder Sperrung von Sachzeugen der SED/MfS-Diktatur führen würde: »Die Täter von gestern als Träger und Repräsentanten deutscher Demokratie – im Gewand des Abgeordneten oder verbeamteten Staatsdieners«. Die Antwort aus dem Bundeskanzleramt auf solche Reaktionen kennzeichnet die damalige Stimmung: Eine Presseerklärung suchte Kohls Äußerungen zu »entschärfen«. Seine Gedanken, zu unpassender Zeit öffentlich ausgesprochen, mussten am Zeitgeist, der die SED-Diktatur noch beim Namen genannt wissen wollte, ausgerichtet werden. Es dürfte übrigens zu den Kuriositäten eines Rechtsstaates gehören, dass ein Regierungschef ein durch ihn selbst auf den Weg gebrachtes Gesetz durch Klage dann anficht, sobald es auf ihn angewandt wird.
Zurück zu Herrn Schily: Ein Blick in die »Geburtsurkunde« der deutschen Einheit, den Einigungsvertrag, und in die Protokolle der Enquete-Kommission hätte ihn leicht darüber aufklären können, wer den moralischen Anspruch zuerkannt bekam, als Opfer von SED-Unrecht zu gelten. Die Lektüre sei ihm und anderen auch heute angeraten. Denn der erneute Änderungswille eines Großteils der politischen Elite geht am ursprünglichen gesamtdeutschen Konsens weit vorbei.
Wir rufen deshalb in Erinnerung: Mit Artikel 17 bis 19 des Einigungsvertrages auferlegten sich beide Seiten die Pflicht, gesetzliche Grundlagen zu schaffen, »daß alle Personen rehabilitiert werden können, die Opfer einer politisch motivierten Strafverfolgungsmaßnahme oder sonst einer rechtsstaats- oder verfassungswidrigen gerichtlichen Entscheidung geworden sind. Die Rehabilitierung dieser Opfer des SED-Unrechts-Regimes ist mit einer angemessenen Entschädigung zu verbinden.« Demnach ist Opfer, wer durch diktaturprägendes Justiz- und / oder Verwaltungsunrecht an Leib und Leben bedroht und / oder materieller Werte beraubt wurde. Rehabilitierung und Entschädigung waren folgerichtige Konsequenz und keine

überzogene Erwartungshaltung derjenigen, die sich der Diktatur widersetzt hatten.
Beide Regierungen waren sich vor und bei der Vertragsunterzeichnung im August 1990 bewusst, im Nachlass des Ministeriums für Staatssicherheit ein Erbe einer (beider) deutschen Diktatur(en) zu übernehmen, das rechts- und verfassungswidrig gewonnene Informationen von Bürgern aus beiden deutschen Staaten und darüber hinaus enthielt. Deshalb wurden »besondere Vorschriften« anstelle des Bundesarchivgesetzes vereinbart, die ein durch die Bundesregierung unter vorheriger Zustimmung der Volkskammer zu berufender Sonderbeauftragter durchsetzen sollte (EV, Anlage 1 Kapitel II Sachgeb. B Abschn. II Ziff. 2). Am 18. September 1990 verpflichtete dann die Vereinbarung zur Durchführung und Auslegung des Einigungsvertrages – unter Bezug auf das Volkskammergesetz vom 24. August 1990, das die radikale Aktenöffnung vorsah – den neuen gesamtdeutschen Bundestag dazu, ein Stasi-Unterlagen-Gesetz zu erlassen. Dabei sollten die individuellen Rechte Betroffener und ihre persönlichen Daten geschützt werden – bei Wahrung der politischen, historischen und juristischen Aufarbeitung. Meines Wissens haben Bundeskanzler Schröder und auch Herr Schily an dem Gesetzgebungsakt mitgewirkt, der zum Stasi-Unterlagen-Gesetz vom 20. Dezember 1991 führte, und heutige grundsätzliche Vorbehalte nicht vorgebracht.
Unzweifelhaft dürfte bis zum 8. März 2002, dem Tag der Urteilsverkündung des Bundesverwaltungsgerichts in der Sache Dr. Kohl ./. Bundesrepublik Deutschland, gewesen sein, dass das Stasi-Unterlagen-Gesetz und seine Grundlagen aus dem Einigungsvertrag einer Auslegung des Begriffes »Diktaturopfer« nicht zugänglich sind. Und doch wurde sie nun höchstrichterlich hinein(!)interpretiert. Richterliche Unabhängigkeit ist ein hohes Gut, nur von Weisheit möge sie getragen sein.
Dem Gesetzgeber wird deshalb eine besondere Sorgfalt auferlegt sein, sollte es tatsächlich nur um eine Novellierung mit dem Ziel des Opferschutzes gehen. Das ist aber kaum anzunehmen, betrachtet man die bisherige Praxis im Umgang mit den Opfern. Statt SED-Unrecht von der Verjährung freizustellen, müssen die Opfer seit Jahren um Fristverlängerungen kämpfen, die scheibchenweise vom Gesetzgeber gewährt werden – oder auch nicht. Angesichts dessen ist nicht nur das »Opferschutz«-

Argument fadenscheinig. Auch das vorgeblich angestrebte Ziel, eine Ungleichbehandlung der Menschen in den neuen Bundesländern abzuwenden, verschließt sich mir. Denn Ungleichbehandlungen sind mir bekannt nur aus Verfahren zur Rehabilitierung von Betroffenen, die mit einer Verlängerung oder Verschärfung von SED-Justizunrecht als »rechtsstaatliche« Entscheidung endeten.
Solche Urteile haben das erste Jahrzehnt der deutschen Einheit geprägt. Richter und Staatsanwälte haben rechts-/verfassungswidrig beschaffte Beweismittel aus MfS-geführten Ermittlungsverfahren durch »Erarbeitung von Belastungen« akzeptiert. Sie haben in vorgefertigten Strafurteilen und Hauptverhandlungen unter Ausschluss der Öffentlichkeit, die wahrheitswidrig als öffentliche Verhandlung protokolliert waren, (selbstverständlich!) keine Hinweise auf die Rechtsstaatswidrigkeit der Verfahren entdeckt. Und sie haben diktaturprägende Verwaltungswillkür als »in der DDR übliche Verwaltungsentscheidungen« verharmlost, etwa den Nachschlag zu Strafurteilen wie Entzug von Gewerbeerlaubnis oder Zwangsverwaltung.
So erging es Herrn G. aus Königs Wusterhausen. Zwar sah eine Staatsanwältin aus Frankfurt/Oder bereits 1993, gestützt auf vorliegende MfS-Untersuchungs- und Gerichtsakten, eine vollständige Aufhebung des Urteils als geboten an. Das Bezirksgericht Frankfurt/Oder ging aber über die Stellungnahme der Staatsanwaltschaft hinweg und verwarf eine Rehabilitierung. Anders das Brandenburgische Oberlandesgericht, das am 12. Dezember 1995 in zweiter Instanz unter dem Aktenzeichen 1 WS (Reha) 5/94 über den heute nahezu 80-Jährigen befand: Es rehabilitierte den Hauptstraftatbestand »Zollverbrechen«, meinte aber, am Vorwurf der Steuerverkürzung sei etwas dran, obwohl auch dieser Tatbestand nach DDR-Steuer- und Strafrecht nie haltbar war. Die Oberlandesrichter entschieden also auf Teilrehabilitierung. Auf »Zollverbrechen« entfielen danach zehn Monate und vier Tage rechtsstaatswidrige Haft, hingegen auf die Vermögenssteuerverkürzung – für die SED-Justiz das ideologisch vorgegebene Täterbild des »kleinbürgerlichen Spekulanten« lediglich ergänzend – eine nicht rehabilitierungsfähige (Rest)Freiheitsstrafe von zwei Jahren. Wie das Gericht das Strafmaß derart gewichten konnte, bleibt wohl für immer sein Geheimnis. Das DDR-Recht bietet dafür keine Grundlage.

Allein »Zollverbrechen und Verbrechen gegen die Geldverkehrsordnung« dürften die Freiheitsstrafe von fünf Jahren bewirkt haben.
Zudem wird auch im Fall von Herrn G. deutlich: Die Anwendung des »milderen Rechts« ist alleiniges Privileg der Täter, den Opfern bleibt sie offensichtlich versagt. Wo in der Bundesrepublik Deutschland würde eine Steuerhinterziehung von 37.980 DM mit zwei Jahren Freiheitsstrafe belegt?
Der das Strafurteil verschärfende und existenzvernichtende Entzug der Gewerbeerlaubnis war bereits im verwaltungsrechtlichen Rehabilitierungsverfahren von der Staatsanwaltschaft Potsdam als DDR-üblich und damit als nicht rehabilitierungswürdig qualifiziert worden. Solche Urteile, die das Unrecht verlängern, sind eine unübersehbare Seite der juristischen Aufarbeitung der DDR-Vergangenheit. Letztes Mittel zur vollen Rehabilitierung ist für Herrn G. und Betroffene in ähnlichen Fällen nur ein Wiederaufnahmeverfahren gemäß Paragraf 359 der Strafprozessordnung – die unerträgliche Folge von Oberflächlichkeiten in Verfahren zum DDR-Unrecht.
Die Novellierung des Stasi-Unterlagen-Gesetzes sollte nicht unter Zeitnot gestellt, sondern als Aufgabe für die nächste Legislaturperiode verstanden werden. Es liegt keine Gefahr im Verzug. Im Gegenteil, es geht um wirklichen Opferschutz und um den sorgsamen Umgang mit »Herrschaftswissen«, das der historischen und gesellschaftlichen Aufarbeitung um keinen Preis entzogen werden darf.

Wolfgang Ullmann

Verhöhnung durch das »Opfer« auf dem Kanzlersessel

In der Diskussion über die Konsequenzen des Bundesverwaltungsgerichtsurteils zum Umgang mit den Stasiakten über Helmut Kohl hat Bundeskanzler Schröder unterstrichen, wie wichtig es für ihn sei, dass die enormen Leistungen, die von

den Ostdeutschen in den zehn Jahren seit dem Beitritt zur Bundesrepublik erbracht worden seien, eine angemessene öffentliche Würdigung erfahren.
Ein guter Satz, den ich mir voll zu eigen mache. Aber muss man aus Anlass des Kohl-Urteils nicht sofort hinzufügen: Zu diesen Leistungen gehört auch – und zwar als eine der wichtigsten! – das Stasi-Unterlagen-Gesetz. Denn als Abgeordneter und Vizepräsident der ersten frei gewählten Volkskammer der DDR weiß ich sehr genau, wie groß die Widerstände aus den Reihen unserer damaligen westdeutschen Kollegen gegen dieses Gesetz gewesen sind.
Es bedurfte des Hungerstreiks von Bürgerrechtlern in der Stasi-Zentrale der Berliner Normannenstraße und der Solidarisierung der Volkskammer mit den Hungerstreikenden, damit die Vereinbarung vom 18. September 1990 zwischen beiden deutschen Regierungen zu Stande kam. Als Bestandteil des Einigungsvertrages bildet sie die Grundlage für das Bundesgesetz vom 20. Dezember 1991, durch das die Öffnung der Stasiakten zur gemeinsamen Sache der neu geeinten deutschen Demokratie und die historische, juristische und politische Aufarbeitung des SED-Unrechts eine Sache aller Deutschen geworden sind.
Und hat sie als solche nicht in allen drei Hinsichten jetzt schon Ergebnisse gezeitigt, die fundamentale Gewissheiten unserer Demokratie geworden sind und dies auch bleiben müssen?
Die politische Aufarbeitung: Es hat sich angesichts eines erdrückenden Aktenberges gezeigt, was eintritt, wenn eine Regierung ihre Bevölkerung im Ganzen als Sicherheitsrisiko oder gar als ihren Feind betrachtet und darum meint, nur durch Bespitzelung, Denunziation und Demoralisierung Herr der Lage bleiben zu können. Sie untergräbt ihre politische und moralische Autorität so, wie es das klägliche Ende der SED-Diktatur im Herbst 1989 aller Welt dokumentierte.
Die juristische Aufarbeitung: Die Anklageerhebung, strafrechtliche Verfolgung und die ergangenen, bis zur obersten europäischen Instanz geprüften Urteile haben dazu beigetragen, der noch immer von zahlreichen Regierungen und Regierungsmitgliedern geteilten Überzeugung entgegenzutreten, dass staatliches Handeln sich jeder gerichtlichen Überprüfung entziehe, weil es als notwendige Durchsetzung staatlicher Interessen

gegen Strafverfolgung immun sei und bleiben müsse. Die Prozesse gegen Mitglieder des SED-Politbüros, des Nationalen Sicherheitsrates und gegen Mauerschützen sind nicht mehr revidierbare Erhärtungen der Tatsächlichkeit von Staatskriminalität, genau wie alle weniger spektakulären Verletzungen von verfassungsmäßigen Rechten einzelner Bürger und Bürgerinnen, von denen die Aktenkilometer der Stasi zeugen.

Und schließlich die historische Aufarbeitung, die, noch immer in vollem Gange, durch das Kohl-Urteil einen entmutigenden Rückschlag erhalten hat. Wie viele Klischees des Kalten Krieges sind zerbröselt, seit wir nachlesen konnten, wie ein kommunistischer Geheimdienst durch schamlose Geschäftemacherei und Kollaboration mit Terroristen verschiedenster und entgegengesetztester Art alle politischen Ideale verriet, zu denen er sich unaufhörlich bekannte. Oder ist es gar dieses Zerbröseln von Klischees, das jetzt auf einmal auch die zu Schlussstrichbefürwortern werden lässt, die diese Position bisher den unbelehrbaren Parteigängern der gescheiterten Diktatur überließen? Denn wenn der Bundeskanzler mit Recht dafür eintritt, Ostdeutsche nicht einem Rechtfertigungsdruck für ihre DDR-Biografie auszusetzen – haben dann die Vorurteile, die hinter derartigen Anwandlungen innerdeutscher Arroganz stehen, das Geringste mit dem Stasi-Unterlagen-Gesetz zu tun?

Sollte Gerhard Schröder mit seiner Meinung auf die Regelanfrage im Öffentlichen Dienst anspielen, so weiß er so gut wie ich, dass diese ohnehin wegen Verjährung und der Unanwendbarkeit auf jüngere Geburtsjahrgänge in wenigen Jahren entfällt. Und waren Verstöße gegen die Menschlichkeit, Menschenrechtsverletzungen und Kollaboration mit dem MfS – die drei Kategorien des Ausschlusses vom Öffentlichen Dienst, die der Einigungsvertrag vorsieht – je schützenswerte Bestandteile von DDR-Biografien?

Angesichts dieser so klaren Tatbestände kann man den Schaden, den das Kohl-Urteil angerichtet hat, nur beträchtlich nennen. Das Schlimmste an ihm aber ist, dass es im Namen des Opferschutzes ergangen ist. Dieses Urteil stellt jemanden, der wegen seiner politischen Stellung Mitbetroffener einer routinemäßigen Abhörpraxis geworden ist, gleich mit allen, die zielgerichtet zum Zweck persönlicher Schädigung ausgespäht worden sind, in deren Wohnung und Privatsphäre eingebrochen und deren Biografie auf irreparable Weise geschädigt worden ist. Ganz zu schweigen von allen, die in Bautzen, Hohenschönhausen und anderswo an Leib und Leben geschädigt worden sind. Sie müssen sich vom »Opfer« auf dem Kanzlersessel in mehr als einer Hinsicht verhöhnt fühlen!

Der nächste Schaden ist das rechtsstaatliche Zwielicht, in das ein Jahrzehnt historischer Forschung gerückt wird, die durch das Gesetz und einen nur von SED-Anhängern und -Sympathisanten nicht geteilten öffentlichen Konsens getragen, sich jetzt dem Vorwurf ausgesetzt sieht, was sie an Kollaboration, Zuträgereien und Denunziationen an die Öffentlichkeit gebracht hat – das sei alles illegitim gewesen. Müssen denn jetzt ganze Bibliotheksabteilungen geschlossen werden wie die Akten der Bundesbehörde, und zwar nur, weil sich einmal mehr und in einem freilich wegen des Hauptbeteiligten, des so genannten Opfers, brisanten Fall bestätigt – was ohnehin alle Welt weiß –, dass die Aktivitäten des MfS nicht an der innerdeutschen Grenze Halt gemacht haben?

Gerade daraus mag man ersehen, dass ich mir keineswegs sicher bin, der eingetretene Schaden könne nur durch eine Novellierung des Stasi-Unterlagen-Gesetzes geheilt werden. Es ist in diesem Zusammenhang mehrfach die Rede davon gewesen, das Gesetz sei letzten Endes Ergebnis einer revolutionären Situation gewesen, die angesichts der inzwischen eingetretenen Normalität nicht mehr bestehe. Darum könne der gesamte MfS-Aktenbestand nun den üblichen archivrechtlichen Regelungen unterworfen werden.

Dass das nicht zu geschehen hat, genau das war der Inhalt der in den Einigungsvertrag – das heißt ein Verfassungsgesetz! – eingegangenen Regierungsvereinbarung. Nicht Archivierung war das Ziel, sondern Aufarbeitung, eine Aufarbeitung, die nicht nur einem revolutionären Augenblick Dauer verleihen, sondern Bestandteil der neuen Normalität der gesamtdeutschen Demokratie werden sollte.

Ich bin erstaunt und beunruhigt, dass das für die entstandene Situation in erster Linie zuständige Gremium, der Beirat der Bundesbehörde, keine Stellungnahme abgegeben hat. Ist er etwa daran gehindert worden?

Bundeskanzler Gerhard Schröder sollte sich mit seiner Regierung und den Fraktionen des Bundestages dafür einsetzen, dass eine für die neue deutsche Demokratie so fundamentale Rechtsüberzeugung nicht aufgekündigt, sondern erneuert und bekräftigt wird.

Alte und neue Amigos

Thomas Moser

Was hat Altkanzler Kohl zu verbergen?

Die Frage, warum er seine Stasiakten eigentlich sperren lassen will, beantwortet Helmut Kohl nicht, beziehungsweise so: Das sei seine Sache und dafür müsse er sich nicht rechtfertigen. Unfreiwillig weist die Formulierung in die richtige Richtung, denn könnte jeder die Akten lesen, dann müsste Kohl sich tatsächlich rechtfertigen. Für eine intensive Zusammenarbeit mit der DDR-Führung während seiner Regierungszeit nämlich, die mit der demonstrativ gepflegten Rhetorik vom »verbrecherischen Honecker-Regime« nicht zusammenpasst; für eine Politik eben, die nach dem Mauerfall nicht mehr opportun erscheint.

Schon Kohls erstes Telefonat mit Honecker im Januar 1983 nach Antritt seiner Kanzlerschaft ist ein Dokument gegenseitiger Freundlichkeit. Niedergelegt ist das Telefonprotokoll in DDR-Akten. Darf eine Gesellschaft nicht erfahren, wie ihr Repräsentant mit dem Vertreter einer Diktatur spricht? Doch bei Worten sollte es nicht bleiben. Bis zum Ende der DDR lieferte die Ära Kohl eine ganze Chronik handfester Kooperation mit der DDR-Nomenklatur.

Das vielleicht bekannteste Geschäft wurde schon im ersten Amtsjahr abgeschlossen: der Milliardenkredit für die DDR, dem ein Jahr später ein zweiter folgte. Dafür gab es Gegenleistungen aus dem Osten, die manchmal offiziell wurden, in anderen Fällen unerklärt blieben und in deren Genuss die so sehr umsorgte DDR-Bevölkerung nicht unbedingt kam. So wusste die DDR-Führung durch einen Stasi-Informanten im Flick-Konzern zum Beispiel von den illegalen Spendenzahlungen des Konzerns an die westdeutschen Parteien und vor allem die CDU. Aus politischer Rücksichtnahme, wie der für die Spionage in der Bundesrepublik verantwortliche MfS-Offizier Großmann heute erklärt, hat man dieses Wissen aber nie veröffentlicht und etwa gegen die Kohl-Regierung verwendet. Verwunderlich ist das nicht, eher logisch. Schließlich hatte diese Regierung der DDR-Führung gerade zwei Milliardenkredite besorgt. Honecker profitierte von Kohl, und Kohl profitierte vom Schweigen Honeckers im Flick-Spendenskandal. Was hier schon sichtbar wird, ist die Kontur eines besonderen deutsch-deutschen Gefüges über die Grenze hinweg.

»Wir wollen die DDR weder integrieren noch bekriegen noch aus der Welt schaffen.« Das sagte zwar nicht Helmut Kohl, aber Franz Josef Strauß zu Erich Honecker, als er ihn nach Vergabe des ersten Milliardenkredites im Sommer 1983 in der DDR besuchte. Auch das ein Dokument aus den DDR-Akten. Was fand der Vertreter des freien Unternehmertums an der staatssozialistischen DDR so erhaltenswert? Vermutlich, dass sie westdeutschen Unternehmen einen billigen Arbeitsmarkt bot. Die DDR ein Billiglohnland, in dem die »Kommunisten« den »Kapitalisten« obendrein Produktionsrisiken abnahmen. Streikgefahren, wie im eigenen Land, hatten die bundesdeutschen Unternehmer in der DDR eher seltener zu befürchten. Dutzende von ihnen, von Adidas über Nivea bis Underberg, ließen in DDR-Betrieben ihre Markenartikel herstellen. Ein Vorgang, der heute nebenbei unter »Standortfrage« diskutiert würde. Und wie wurden solche kapitalistisch-sozialistischen Produktionen wohl organisiert? Dazu musste zwischen Ost und West viel besprochen und geregelt werden; Materialien, Maschinen, Arbeitskräfte; Telefonate, Kontakte, Treffen; man sitzt zusammen, verhandelt, vereinbart. Kurz: Man behandelt sich gegenseitig wie normale Geschäftspartner.

Zur selben Zeit fahren in Cottbus die Oppositionellen Peter N., Bernd D., Regina K. und Reinhold K., Frank und Christa F. in den Knast ein. Anklagevorwurf der DDR-Staatsanwaltschaft: Mit der Ständigen Vertretung der BRD in Ostberlin Kontakt aufgenommen und damit gegen Paragraf 99 des Strafgesetzbuches (landesverräterische Übermittlung nicht geheimer Nachrichten) verstoßen zu haben. Deutsch-deutsche Kontakte waren eben nicht gleich.

Das politische und wirtschaftliche deutsch-deutsche Geschäftegeflecht wurde dann auf einmal zerrissen, weil der Geschäftspartner Ost unvorhergesehenerweise gestürzt und gleich noch historisch entsorgt wurde. Auch für den Geschäftspartner West keine günstige Lage, vor allem wenn die Deals der Vergangenheit in allen Einzelheiten bekannt würden. Also belegte man sie mit einem Tabu und beurteilte die Geschäftspartner von damals neu. Auf einmal erkennt man in ihnen »Verbrecher«, »Diktatoren«, »Unterdrücker« und »rote Faschisten« – und tritt selber im Namen der friedlichen Revolution auf.

Zurück zur kleinen Chronik der offiziellen deutsch-deutschen Zusammenarbeit. 1984: Die Kohl-Regierung hindert etwa 40 DDR-Bürger am Betreten der Ständigen Vertretung in Ostberlin. Der damalige Hausherr versucht das heute zu leugnen. Später baut die Bundesregierung das Botschaftsgebäude so um, dass DDR-Bürger nicht mehr ohne weiteres hinein können. 1985: Über den Ostberliner Flughafen Schönefeld reisen Flüchtlinge aus Asien und Afrika nach Westberlin und damit in die Bundesrepublik ein. Auf Drängen der Kohl-Regierung, aber auch der oppositionellen SPD, schließt die DDR-Führung dieses Schlupfloch und wird dafür mit einem dreistelligen Millionenkredit belohnt. Die Mauer, von der DDR-Führung gegen ihre Bürger gebaut und im Westen permanent angeprangert, wird von der Bundesregierung nun also selber gegen Flüchtlinge eingesetzt. 1987: Roter Teppich für den Herrn Generalsekretär in Bonn.

Zur gleichen Zeit werden Brigitte K. und Nadja R. aus Köln, die ihre Freunde in Ostberlin besuchen wollen, an der Grenze aufgehalten und zurückgeschickt. Einreiseverbot. Es trifft insgesamt hunderte von Aktivisten westlicher Friedens- und Menschenrechtsgruppen, die Oppositionelle in der DDR aufsuchen wollen. Deutsch-deutsches Deutschland – vereint da, geteilt hier.

Wendezeit 1989/90: Die Bürgerbewegung besetzt die Stasi-Zentrale, rettet die Akten vor der weiteren Vernichtung, ringt am Runden Tisch mit den alten Kräften um die Macht im Staat und für die Entmachtung der SED-Übergangsregierung Modrow. Und wie verhält sich zur gleichen Zeit die offizielle Politik? Sie verfällt in hektische deutsch-deutsche Diplomatie. Im Bemühen, die Kontrolle über die Ereignisse zu behalten, suchen die Emissäre aus Bonn wie Kiep, Teltschik, Schäuble oder Seiters täglich ihre Gesprächspartner der Regierung in Ostberlin auf. Was geschah damals genau zwischen Bonn und

Ostberlin? Es ließe sich möglicherweise nachlesen, denn, soviel ist jedenfalls bekannt, die Stasiakten, in denen Kanzler Kohl auftaucht, reichen mindestens bis Mitte Dezember 1989.
Hat die Öffentlichkeit nicht ein Recht, das zu erfahren? Schließlich ist Geschichte kein Privatbesitz. Sein Urteil vom verbrecherischen SED-Regime könnte dann aber Herrn Kohl selber treffen. Und vom Kanzler der Einheit bliebe vielleicht nur ein Wendehals West.

Bernd Eisenfeld

Eintopf mit Egon Bahr

Unter Bezug auf das »Kohl-Urteil« sagt Bundeskanzler Gerhard Schröder: »Die DDR-Geschichte und die gelebten Biografien dürfen nun endgültig nicht mehr darauf reduziert werden, was in den Akten der Stasi steht.« Und daraus zieht er – wie auch Bundestagspräsident Wolfgang Thierse – den Schluss, die »Personalfragen-Politik« beim »kleinen Mann« sei zu überdenken, weil es nicht angehe, dass Ostdeutsche immer noch beweisen müssten, ob sie Opfer oder Täter seien.
Die »gelebten DDR-Biografien« haben Hochkonjunktur. Sie werden gehandelt wie die Wahrhaftigkeit selbst. Und da sie zumeist aus dem Munde oder aus der Feder von Tätern, Begünstigten und Mitläufern des SED-Regimes sowie deren Seelenverwandten aus der alten Bundesrepublik stammen, entsteht der Eindruck, dass die DDR nicht von Menschen, sondern von gesichtslosen Wesen und Strukturen bestimmt und beherrscht worden sei. Symptomatisch kann hier auf Egon Bahr, umstrittener Architekt der Ostpolitik und bis 1991 Präsidiumsmitglied der SPD, verwiesen werden. In Hermann Axen, einem Mann, der jahrzehntelang ungeschoren in der Zentrale des Herrschafts-, Unterdrückungs- und Propagandaapparates mitschaltete und mitwaltete, sieht er »einen feinfühligen, gebildeten, anständigen Menschen«, der zwar als Mitglied des Politbüros »Mitschuld und Mitverantwortung, [aber] keine persönliche

Schuld auf sich geladen hat, mit Ausnahme der, die alle haben, nämlich sie hätten ein bisschen mutiger sein müssen und hätten vielleicht nicht die Augen verschließen dürfen vor dem, was sie gesehen haben«. Und davon ist Egon Bahr genauso »fest überzeugt«, wie er Axen in dessen Buch »Ich war ein Diener der Partei« zum »deutschen Patrioten« aufpoliert – wohl vergessend, dass dieser Mann den Charakter der Nation an den »Klasseninhalt« band und in den 70er Jahren schrieb, der »Prozess der Abgrenzung« zur Bundesrepublik sei genauso »gesetzmäßig« wie die »künftige Verschmelzung der sozialistischen Nationen«.

Wenn auf diese Weise DDR-Bürger in einen Topf geworfen und gleich gemacht werden, dann ist es in der Tat überflüssig, abzufragen, wer Täter oder Opfer gewesen ist. Und dann ist es auch folgerichtig, die Stasiakten als halbe oder ganze Märchenbücher abzustempeln und sie im Orkus verschwinden zu lassen.

Der »Eintopf« und die »gelebten Biografien« bilden die beiden Seiten einer Münze, die von Anfang an in Umlauf gebracht wurde. Je nach politischer Opportunität wurde sie in die Waagschale geworfen. Nun haben, so könnte es scheinen, Bundeskanzler Gerhard Schröder und Bundestagspräsident Wolfgang Thierse ihr Herz an die kleinen Spitzel verloren. Das verstehe allerdings wer will, handelt es sich doch um eine Größenordnung, die eigentlich der Rede nicht wert ist. Von rund 400.000 bis 500.000 zu allen DDR-Zeiten ausgemachten Stasi-Spitzeln brauchen diejenigen, die im Alter bis 18 Jahre mit von der Partie waren oder die inzwischen verstorben sind, schon mal nichts zu befürchten. Das trifft auch auf die Spitzel zu, die nach 1989 dem öffentlichen und vergleichbaren Dienst rechtzeitig entschwanden und eine neue, nicht selten mit Hilfe alter Seilschaften erfolgreiche Karriere im weiten Feld der nicht überprüfungspflichtigen Arbeitsbereiche (einschließlich in der alten Bundesrepublik) antraten. Schließlich ist inzwischen belegt, dass die übergroße Mehrheit der geouteten Spitzel die Prüfung ungeschoren überstanden hat. Eine genaue Zahl der verbliebenen »Leidtragenden« kann ich nicht vorlegen, aber eines ist gewiss, sie liegt weit unter der Zahl der tatsächlichen Opfer des SED-Regimes, und diese hatten sowohl zu DDR-Zeiten und haben auch danach (schon wegen der übernom-

menen »Kader«) in der Regel keine Chance, in den öffentlichen Dienst zu gelangen.
Fragt sich also: Warum bringen höchste Repräsentanten unseres Staates plötzlich so viel Energie, Verständnis und öffentliche Sorge für eine äußerst schmale Minderheit von Menschen auf, deren Charaktereigenschaften zumindest fragwürdig erscheinen, während eine weit größere Zahl von Menschen, die in der DDR Zivilcourage bis hin zum Widerstand vorgelebt haben, immer mehr aus dem Blickfeld gerät?
Und so drängt sich der Verdacht auf, dass da offensichtlich eine größere Klientel ins Auge gefasst und bedient wird; eine Klientel nämlich, die inzwischen »dank« PDS und ihren Seelenverwandten in Ost und West immer mehr Oberwasser gewinnt. Wählerforscher haben herausgefunden, dass der Sieger bei der nächsten Bundestagswahl durch das Ergebnis im Osten Deutschlands bestimmt wird. Der »Eintopf« von Egon Bahr verfügt also auf beiden Seiten über eine Lobby, die keineswegs selbstlos agiert, verspricht er doch mehr Stimmen im Osten. Zum Wählerpotenzial gehören nicht nur Menschen, die sich dem MfS verschrieben hatten, sondern auch all diejenigen, die mit ihm mehr oder weniger offen oder verdeckt Hand in Hand arbeiteten. Erst dieses Zusammenspiel ermöglichte die flächendeckende Überwachung und die »vorsorgliche« Ausschaltung der politischen Gegner. Mit von der Partie war die ganze Palette von Funktionären des Staates, der Parteien und Massenorganisationen, der Wirtschaft, der Armee, der Kultur – und das auf allen Ebenen. Auch manch »kleiner Mann« ließ sich zum Mitspielen verleiten. Ich hab sie in meinen Stasiakten alle wiedergefunden: Die Spitzel und ihre Hintermänner, die mehrere Anläufe nahmen, mich hinter Schloss und Riegel zu bringen, bis es 1968 mit Hilfe von Staatsanwälten, Richtern und Schöffen gelang; Staatsfunktionäre, die zweimal politisch dazwischenfunkten, um ein Hochschulfernstudium zu verhindern; Militärs, die mich als »politischen Rädelsführer« auf die schwarze Liste brachten, ein Bankdirektor, der gemeinsam mit Gewerkschaftsfunktionären und Arbeitsrichtern ein Berufsverbot durchsetzte, und auch der kleine unbedarfte Mann, der ohne Stasiverpflichtung fleißig Schnüffeldienste leistete. Keine Hinterlassenschaft der DDR macht dieses Geflecht und dessen Gesichter so sichtbar wie die des MfS – wie übrigens auch die

Angepassten und die Menschen, die sich dem Geflecht entzogen haben, die den aufrechten Gang wagten und die sich den politisch Bedrängten gegenüber solidarisch verhielten (auch hier könnte ich genügend Beispiele aneinanderreihen). Es ist leider der größere Teil der Ostdeutschen, der diesem Blick in den Spiegel ausweichen möchte. Das ist menschlich verständlich. Weniger einsichtig, ja gefährlich ist es, wenn mitgeholfen wird, diesen Blick zu vernebeln oder gar zu verhindern. Denn wenn die Anbiederung an die »gelebten Biografien« von Tätern, Günstlingen und Mitläufern einer Diktatur die Politik bestimmt und in Wählerstimmen umgemünzt werden soll, dann gute Nacht Deutschland:
Zum ersten können wir dann die Antwort auf die Fragen vergessen, warum die SED-Diktatur über vierzig Jahre hinweg Bestand hatte, aber auch, warum sie zusammenbrach und warum die PDS nicht den prophezeiten Niedergang, sondern einen stetigen Aufstieg erfährt und zunehmenden Einfluss gewinnt. Statt dessen stünde der ungestörten Geschichtsschreibung dieser »gelebten Biografien« nichts mehr im Wege, sondern Tür und Tor offen. Wer die zweibändigen Berichte liest, die aus der Feder der Generäle und Obristen des MfS hervorgegangen und kürzlich auf dem Buchmarkt gelandet sind, wird das Ergebnis leicht vorhersehen: Apologie in Reinkultur.
Zweitens wird die im Laufe des letzten Jahrzehnts entstandene Gerechtigkeitslücke zwischen Tätern und Opfern des SED-Regimes zu Gunsten der Täter eine neue Dynamik erfahren. Das Bundesverfassungsgericht und die Bundesregierung haben die Entwicklung vorgezeichnet: Genau zu dem Zeitpunkt, als die Renten der einst systemnahen DDR-Bürger – einschließlich die der Mitarbeiter des MfS – durch ein Urteil der obersten Richter aufgestockt worden sind, lehnte die rot-grüne Koalition rundweg und ohne Wenn und Aber einen Gesetzentwurf ab, der auf die Würdigung derjenigen Menschen zielt, die sich unter Inkaufnahme persönlicher Nachteile der SED-Diktatur widersetzten und wesentlich dazu beigetragen haben, der Demokratie und der Einheit Deutschlands den Weg zu ebnen.
Wer schließlich drittens nach alldem noch lauthals vom Bürger verlangt, sich wehrhaft und mit Zivilcourage den Angriffen auf

die Zivilgesellschaft und die Demokratie entgegenzustellen, der sollte sich nicht wundern, dass dies als reine Farce verstanden und weithin ungehört verhallen wird.

Heidi Bohley

Gerhard und Wladimir mal ganz ehrlich

Am 9. April 2002 waren Russlands Präsident Putin und Bundeskanzler Schröder Gäste bei Talkmaster Biolek in dessen TV-Sendung »Boulevard Bio«. Unter dem wohlwollenden Blick des Kanzlers erklärte Putin unter anderem:
»Wie Sie wissen, habe ich in Deutschland gelebt und hier fünf Jahre lang gearbeitet [in der DDR (!) für den sowjetischen Geheimdienst KGB, H. B.]. Und ich habe hier eine nicht ganz gewöhnliche Tätigkeit ausgeübt. Und ich habe hier noch Freunde. Und ich habe Gerhard gesagt: Weißt Du, wenn ich schon mal in Dresden bin, so würden ich und meine Frau uns gerne mit jemandem treffen. Das sind ganz einfache Menschen, mehr noch, wir wollten eine Frau treffen, sie gehört zur Familie eines früheren Mitarbeiters der Staatssicherheit, und vielleicht wäre es besser, dass Du damit nichts gemeinsam hast, ich werde das ganz im Stillen tun, dass niemand etwas bemerkt. Ich will nicht, dass Du irgendwelche Probleme dadurch bekommst. Außerdem sind das ganz einfache Leute, diese Frau, unsere Freundin oder Bekannte, sie hatte familiäre Schwierigkeiten, sie hat ihre Arbeit verloren, und sie war gezwungen, ihre Wohnung zu verlassen, da sie nicht mehr im Stande war, diese Wohnung zu bezahlen. Ich weiß nicht, wie das hier in den Massenmedien aufgenommen wird, wenn das in die Massenmedien durchsickert, und deshalb habe ich gesagt, dass ich das alles im Stillen tun will. Und die Antwort von Gerhard hat mich ganz stark erfreut. Er hat gesagt, dass es ihm überhaupt gleichgültig sei, das ist eine persönliche Angelegenheit, und es wäre ihm ganz lieb, wenn meine Bekannte mit uns gemeinsam

sein könnte. Er hat sie eingeladen zu einem Mittagessen und hat dann angeboten, wir hatten im Programm eine Elbefahrt, er hat sie dann auch auf den Dampfer eingeladen. Und vielleicht ist das eine Kleinigkeit, aber für mich ist das ein gutes Zeichen. Ich habe verstanden, dass ich mit einem sehr anständigen Menschen befreundet bin, so wie ich die Anständigkeit verstehe ...« (Zitiert nach Frankfurter Allgemeine Sonntagszeitung, 21. April 2002)

Gleichgültigkeit ruiniert jede Beziehung. Sie kommt, wenn die Liebe verschwindet und ist auch das Gegenteil von Toleranz – das gehört inzwischen zum Standardrepertoire jedes Hobbypsychologen.
Dass die Gleichgültigkeit des Bundeskanzlers Freund Putin »ganz stark erfreut« und er sie als »gutes Zeichen« deutet, ist aus der Perspektive eines ehemaligen KGB-Mannes nur zu verständlich: Wer gleichgültig ist, kommt einem nicht in die Quere, wenn man »etwas im Stillen« tut. Deshalb geht es den Gleichgültigen auch in jedweder Diktatur ganz prima ...
Da wir ja alle – um auf der Höhe der Zeit zu bleiben – aufgefordert sind, etwas für unsere berufliche Qualifizierung zu tun, empfehle ich Gerhard Schröder für die nächste Dresden-Reise einen Abstecher zur Prager Burg. Der dortige Präsident Havel hat Anständigkeit ganz anders verstanden als Kollege Putin. Er hat dafür mit Freiheit und Gesundheit gezahlt und trotz aller Schikanen weiter verkündet, dass es Dinge gibt, für die zu leiden sich lohnt.
Deshalb sollte Schröder am besten Herrn Biolek gleich mitnehmen. Der kriegt vielleicht Lust, Herrn Havel einzuladen, um mit ihm öffentlich über Werte zu reden. Danach suchen wir doch dauernd, um sie unseren Heranwachsenden zu vermitteln. Wir wollen ihnen doch im öffentlich-rechtlichen Fernsehen nicht nur Gleichgültigkeit anbieten!?
Falls Vaclav Havel keine Zeit hat, könnte sich der Kanzler auch einfach mal im östlichen Teil des eigenen Landes umsehen. Hier leben noch viele interessante Menschen, die sich aus anders verstandener Anständigkeit der Zusammenarbeit mit dem Unterdrückungsapparat der zweiten Diktatur verweigert haben – nachzulesen in den hinterlassenen Aktenbeständen ebendieses Apparates.

Die Kenntnis dieser Lebensleistungen könnte dem Kanzler die Gleichgültigkeit nehmen und seinen Blick für »Anständigkeiten« kritischer machen.

Karl Wilhelm Fricke

Akteneinsicht – eine Mitgift der friedlichen Revolution

Die Aufarbeitung der Geschichte der zweiten deutschen Diktatur ist ein Problem, das keineswegs nur die Menschen in der ehemaligen DDR angeht. Das Problem ist ein gesamtdeutsches. Die Ironie der Geschichte wollte es allerdings, dass ausgerechnet Helmut Kohl, der sich gern als Kanzler der Einheit feiern lässt, mit seiner Klage gegen die Herausgabe seiner Stasiakten an Forschung und Publizistik ebendiese Aufarbeitung erschwert hat. Denn dass das Bundesverwaltungsgericht mit seinem von signifikanter Geschichtslosigkeit geprägten Urteil vom 8. März 2002 eine Entscheidung getroffen hat, die eine nachhaltig restriktive Wirkung zeitigen wird, steht außer Zweifel. Die Arbeit der Behörde der Bundesbeauftragen für die Stasiunterlagen ist schwieriger, umständlicher geworden, die Mitarbeiter sind längst verunsichert, sie sehen durch das Kohl-Urteil ihre seit der Wiedervereinigung ein Jahrzehnt lang mit Erfolg geleistete Arbeit in bedrückender Weise desavouiert.
Was in diesem Kontext zu denken gibt, ist die Tatsache, dass eine langjährige Praxis in dem Augenblick beanstandet wurde, als nicht mehr die Akten eines Politikers der ehemaligen DDR herausgegeben werden sollten, sondern Kohls Akten. Gilt im geeinten Land geteiltes Recht?
Die Kernfrage lautet dahin, ob das informationelle Selbstbestimmungsrecht von Personen der Zeitgeschichte schwerer wiegt als das Recht auf Akteneinsicht durch Wissenschaft und Medien – wobei zu berücksichtigen ist, dass es eine unumschränkte Einsicht in Stasiakten ohnehin nie gegeben hat. Etwa die Privat- oder Intimsphäre betreffende Aufzeichnungen

wurden auch vor dem Urteil nicht freigegeben. Sie unterlagen dem Schutz durch das Stasi-Unterlagen-Gesetz selbst.
Nach der Entscheidung vom 8. März ist der Sinn des Gesetzes weitgehend ausgehöhlt. Seiner Intention nach ist es auch und nicht zuletzt ein Aufklärungsgesetz, aber diesem Anspruch kann es fortan nicht mehr in vollem Umfang genügen. Wie sich die künftige Praxis der Birthler-Behörde konkret gestalten wird, braucht nicht erst abgewartet zu werden: Schon heute ist gewiss, dass manches Unrecht nicht mehr aufgeklärt werden könnte, wenn es dem Gesetzgeber nicht gelingt, den status quo ante durch eine – die fünfte – Novellierung des Stasi-Unterlagen-Gesetzes wenigstens annähernd wiederherzustellen.
Meine Sorge gründet sich auf Erfahrung. Mein Buch »Akten-Einsicht« könnte ich so, wie es seit 1995 vorliegt, in Zukunft nicht mehr schreiben. Schon bei der seinerzeitigen Niederschrift meines Manuskripts musste ich weitgehende Anonymisierungen in den Aktenkopien hinnehmen. Der Zugang zu Stasiakten bestimmter Partei- und Justizfunktionäre oder von Personen der Zeitgeschichte könnte mir, fürchte ich, seit dem 8. März überhaupt versperrt bleiben. Andere Zeithistoriker und Publizisten teilen diese Sorge.
Da Helmut Kohl zu intelligent ist, als dass er nicht wüsste, was er mit seinem Gang vor die Verwaltungsrichter angerichtet hat, drängt sich der fatale Schluss auf, dass ihm die historische Aufarbeitung der Vergangenheit gleichgültig ist, wenn er sie nicht gar verhindert wissen will – aus welchen eigennützigen Gründen auch immer. Darin erblicke ich den eigentlichen Skandal. Verwundern kann er mich freilich nicht. Schon 1993 hat sich der damalige Bundeskanzler in einer Anhörung der Enquete-Kommission »Aufarbeitung von Geschichte und Folgen der SED-Diktatur in Deutschland« abfällig und voller Misstrauen zur Einsicht in die Stasiakten ausgelassen. Er hieß sie »ein Ärgernis« und fügte hinzu: »Wenn ich völlig frei entscheiden könnte, wüsste ich, was mit den Akten geschehen müsste.« Für einen promovierten Historiker, was Kohl ja ist, eine erstaunliche Einstellung. Muss er die Wahrheit der Geschichte fürchten?
Leider ist davon auszugehen, dass das Urteil, das er erstritten hat, von präjudizierender Wirkung ist, insofern es die Einsicht in Akten auch anderer Personen der Zeitgeschichte blockiert.

Nicht zufällig hat Roland Claus, der Fraktionschef der PDS im Bundestag, unmittelbar nach der Urteilsverkündung gefordert, nun endlich »die Verwendung von Stasiakten gegen Personen zu beenden«. Kohl und Claus im Schulterschluss – wer hätte das vordem gedacht?
Hundertfach hat sich seit der friedlichen Revolution, die den Zugang zu den Stasiakten eröffnet hat, erwiesen, dass sich ohne sie viele politische Sachverhalte und Hintergründe nicht hätten klären lassen. Nota bene beschränkte sich der Klärungsprozess keineswegs darauf, Belastendes zu enthüllen oder das Unrecht der Staatssicherheit bloßzulegen. Vielfach ist den Stasiakten auch dokumentiert, wie viel Mut Menschen in der früheren DDR gegenüber dem MfS bewiesen haben, indem sie sich einer Anwerbung als Inoffizielle Mitarbeiter bewusst versagten, weil sie ihre Mitbürger nicht bespitzeln wollten, zum Beispiel, oder indem sie als politische Gefangene in Stasi-Untersuchungshaft die Aussage verweigerten, weil sie andere Menschen nicht belasten wollten.
Natürlich erschöpft sich die historische Aufarbeitung der zweiten Diktatur nicht in der Einsicht in Stasiakten, ohne sie aber wäre sie absolut unzulänglich – darin sind sich Forschung und Publizistik weithin einig. Im Übrigen ist Bewältigung von Vergangenheit zugleich Gegenwartsbewältigung. Daran haben jüngst erst wieder die zwanzig ehemaligen Nomenklaturkader des MfS erinnert, die in diesem Frühjahr auf 1248 Druckseiten eines zweibändigen Sammelwerks »Die Sicherheit« den kollektiven Versuch einer Total-Exkulpierung der Staatssicherheit unternommen haben. In zynisch-provokatorischer Weise verklären sie die unsägliche Überwachungs- und Unterdrückungsapparatur Erich Mielkes, sie rechtfertigen ihr Tun und Treiben im Nachhinein, um es als »rechtmäßig« zu »legitimieren«. Ungewollt demonstrieren sie damit das nach wie vor aktuelle Erfordernis einer kritischen Aufarbeitung der Stasi-Vergangenheit. Sie muss um der historischen Wahrheit willen geführt werden. Ein Schlussstrich darf nicht gezogen werden, so lange auch nur ein Verbrechen der Staatssicherheit noch unaufgeklärt ist und noch immer nicht alle Schicksale von Stasi-Opfern aufgehellt werden konnten.
Aus diesem Blickwinkel betrachtet haben die ehemaligen DDR-Bürgerrechtler schon recht, die durch das Urteil in Sachen Kohl

das politische Erbe der friedlichen Revolution angetastet sehen. Sie waren es, die 1989/90 in jenen dramatischen Dezember- und Januartagen in Erfurt, Leipzig, Berlin und anderswo die Stasiakten vor ihrer bereits eingeleiteten Vernichtung bewahrt haben. Ich kann verstehen, wenn sie von Verrat am Geist der friedlichen Revolution sprechen, denn in ihm wurzelt auch das Recht auf Akteneinsicht.

Martin Klähn

Schwamm drüber – das ist nicht auszuhalten

Bis 1990 gab es zwei deutsche Staaten. Seit der beiderseitigen Staatsgründung 1949 und verstärkt seit dem Bau der Mauer entwickelten sich zwei unterschiedliche Systeme, die eigene Formen der Anpassung und des Widerstandes hervorbrachten. Utopische Ideen und Gedanken, Hoffnungen und Sehnen von Menschen auf das Zustandekommen einer gerechten Gesellschaft lassen sich bis in allererste geschichtlich überlieferte Anfänge zurückverfolgen. Konkreter wurden sie in der Folge der Französischen Revolution – Freiheit, Gleichheit, Brüderlichkeit sollten gelten: Freiheit im Prinzip des Liberalismus; Gleichheit verwirklicht durch die Demokratie und die Brüderlichkeit aufgehoben in der Idee des Sozialismus. Tragisch nur, dass der Versuch, eine gerechte Gesellschaft in der Realität zu etablieren, in der Form des realexistierenden Sozialismus Gestalt annahm und scheiterte. Nachdem 1990 demokratisch gegen einen neuen Versuch zur der Bildung einer gerechten Gesellschaft und für die Übernahme einer angebotenen Lösung entschieden wurde, gibt es nun wieder ein Deutschland – allerdings mit einer 40 Jahre währenden doppelten Geschichte im 20. Jahrhundert.
Die westlichen Deutschen haben während der Teilung ihr Eingebundensein in die deutsche Historie reflektiert, sie haben einen öffentlichen und wissenschaftlichen Diskurs über ihr

Verantwortlichsein und daraus resultierende Notwendigkeiten geführt, sie haben insbesondere nach 1968 versucht, die Zahl ihrer blinden Flecken zu reduzieren und die staatlichen Verbrechen der NS-Zeit zu sühnen. Diese öffentliche Auseinandersetzung mit der Geschichte hat die Politik der Bundesrepublik im Inneren und Äußeren beeinflusst und den demokratischen Selbstbestimmungsprozess in Gang gesetzt und gehalten.
Die Art und Weise, wie die Aneignung und der Umgang mit Geschichte in der DDR zu erfolgen hatten und welche Lehren daraus zu ziehen waren, ist nach 1989 dokumentiert worden, und auch die Politik, zu der dies führte – insbesondere die Debatte um den verordneten Antifaschismus.
Nun ist die DDR selbst Geschichte. Und damit Bestandteil der gesamtdeutschen Geschichte. Mit der Vereinigung konnte begonnen werden, die ostdeutsche Geschichte an Hand der vorgefundenen Quellen und der Berichte der Zeitzeugen in ihrer Gesamtheit wahrzunehmen, sie als deutsche Teilgeschichte zu integrieren und sie sich somit anzueignen.
Dass dieser Vorgang noch nicht den Stellenwert hat, der ihm im Moment gebührt, ist eine andere Frage.
Jedoch, wer auf diesem Gebiet arbeitet, wird schnell feststellen, dass, welchem Abschnitt der DDR-Geschichte auch immer er sich zuwendet, die Einflussnahme der Staatssicherheit unübersehbar bleibt – es gibt keine Möglichkeit, sie nicht zur Kenntnis zu nehmen.
Ganz gleich, ob der Interessierte sich mit Wirtschafts- oder Sozialgeschichte, mit Pädagogik oder der Landesverteidigung, mit Wissenschaften oder Universitäten, mit dem Staat, der SED und deren Politik beschäftigt – er wird immer auf gewesene MitarbeiterInnen stoßen, die auf der Gehaltsliste der Staatssicherheit standen, die qua Amt zur Zusammenarbeit verpflichtet waren oder inoffiziell mitarbeiteten. Alle mussten sie nur in Ausnahmefällen zum Jagen getragen werden, in der Regel füllten sie diese Kooperation mit Eigeninitiative und Vorschlägen aus, und zwar ohne »leistungsabhängige« Entlohnung, meist überhaupt ohne Bezahlung.
Es funktionierte so gut wie nichts in der DDR, ohne dass die Staatssicherheit oder mit ihr Liierte die Finger im Spiel hatten. Das gesammelte Aktenmaterial der Staatssicherheit stellt Herrschaftswissen in seiner reinsten Form dar. Durch seine öffent-

liche Zugänglichkeit wird es in den öffentlichen Bereich zurückgegeben. Wer die Akten studiert, seien es die eigenen oder sei es im Rahmen von Forschungsaufträgen, dem wird die Funktionsweise von Herrschaft deutlich. Diese seinerzeit unsichtbaren Abhängigkeiten und Strukturen weiter zu durchdringen, ist für mich aber nur ein Grund, die Akten auch weiterhin offen und zugänglich zu halten.
Noch wichtiger ist die nach wie vor gegebene Notwendigkeit für die Ostdeutschen, sich mit der DDR-Geschichte auseinanderzusetzen. Viele gewesene DDR-Insassen möchten: Die DDR soll ein ganz normaler Staat gewesen sein, in dem sie selbst ganz normale Bürger waren, die von nichts wussten, allenfalls etwas ahnten. Und mensch muss doch dort leben, wohin er nun gerade geboren wurde und unter den Bedingungen, die er dort vorfindet. Ihre Anteile als Subjekte an Zustandekommen und Bestehen der Diktatur werden ausgeblendet und negiert.
Die Vereinigung mit dem Ausland Bundesrepublik hat diesen gerade begonnenen Prozess der Auseinandersetzung unterbrochen, ja abgebrochen und unter den verzerrten Bedingungen der neuen, eher westlichen Medienöffentlichkeit fortgesetzt. Zum einen auferlegten die gewechselten Verhältnisse allen Ostdeutschen eine umfassende Lern- und Orientierungsleistung und drängten dadurch die Selbstbefragung in den Hintergrund, zum anderen ließen die allmählich bewusst werdenden neuen Verhältnisse plötzlich neue Allianzen als natürlich erscheinen, die aber auf Grund nicht bearbeiteter Vergangenheit für viele Beteiligte unerträglich sind. Globalisierungsfolgen und neoliberale Politik ließen 1997 zum Beispiel nicht wenige Aktivisten aus den Zeiten der Bürgerbewegung oder der kirchlichen Friedens- und Umweltgruppen ihr widerständiges Politikverständnis in der Erfurter Erklärung zum Ausdruck bringen. Der dadurch ausgelöste Prozess für eine solidarische und gerechte Gesellschaft in der Bundesrepublik wurde alsbald vom einschlägigen Fachpersonal aus Alt-SED/DKP und Neu-PDS unterwandert und instrumentalisiert. Sie übernahmen hilfsbereit wie die Jungen Pioniere die Organisation, stellten Büros und Busse bereit und »ihr« Geld zur Verfügung.
Es ist aber nicht auszuhalten, wenn uns – den vormals als feindlich-negativer Untergrund Eingestuften – heute dieselben Kader, die uns seinerzeit das Leben schwer machten, auf die

Schulter klopfen und sagen: »Was damals war, na ja, Schwamm drüber und vergessen Sie's. Aber heute ziehen wir doch am selben Strick.«
Warum eigentlich soll man es solchen Leuten ersparen, sich mit ihrer eigenen Verantwortlichkeit in den Zeiten der Diktatur zu befassen? Und das nicht auf allgemeiner Ebene, sondern eben konkret, an Hand der vorgefundenen Akten.
Wenn Westdeutsche annehmen, die Grundlagen ihrer demokratischen Ordnung seien gefestigt und finden gar breite Zustimmung, so mögen sie dafür Gründe haben, die mir allerdings im Moment nicht bekannt sind. Sollten wir so einen Zustand aber auch für den Osten anstreben, dann sollten wir die Zugangsmöglichkeiten sowie die bisherige Forschungs- und Veröffentlichungspraxis beibehalten.

Heinz Voigt

Besuch am Webstuhl der Zeiten

Anfrage an den Sender Jerewan: Darf man Gerhard Schröder mit Egon Krenz vergleichen? Im Prinzip nein, obwohl beide sitzen. Der eine im Bundeskanzleramt, der andere im Knast. Im Prinzip aber doch, weil beide durch das Sitzen in ihrer persönlichen Bewegungsfreiheit arg eingeschränkt sind. Schröder ist es wegen seines Renommees beispielsweise verboten, bei Woolworth am Wühltisch um einen passenden Anzug zu feilschen, und Krenz muss sich als Freigänger abends zurückmelden, weswegen er an den Parteiversammlungen seiner Wohngebietsgruppe nicht teilnehmen kann.
Soweit der Sender Jerewan, der, wie immer, und im Prinzip, bestens informiert ist.
Deswegen wissen wir aber noch lange nicht, warum der eine so und der andere anders sitzt und müssen, um es herauszufinden, die Dame Klio befragen. Diese, inzwischen nach Berlin übergesiedelt, residiert nicht mehr am altmodischen Manufaktur-Webstuhl der Zeit, dort werkelnd am Mantel der Geschich-

te, sondern empfängt uns als Managerin des prachtvollen Klitter-Centers am Potsdamer Platz, unweit des Reichstags. Der Palast gehört der Bundesregierung und wird vom Steuerzahler alimentiert. Längst ist Frau Klio nicht mehr allein. Unzählige Verflechter, Verknüpfer, Verknoter, Vergesser, Verdreher und Verwirrer wuseln umher, beaufsichtigt von Verwindern, die wiederum den Verfilzern und Verschlingern unterstehen. Wir gehen mit der Zeit, kommentiert Frau Klio das geschäftige Weben, Geschichte ist nicht mehr das, was sie mal war.
Ach ja, sagt sie dann beim Kaffee, der Krenz. Dem war ja schon nicht mehr zu helfen, als er FDJ-Sekretär wurde, und das hat er nu vonne. Frau Klio ist waschechte Berlinerin geworden. Mich dauert er nich, weil er neulichens rief: Die Geschichte wird mich freisprechen. Da isser bei mir falsch, icke und meine Leute stehn nur am Webstuhl ...
Und Schröder, fragen wir neugierig, was ist mit Schröder?
Ach Jottchen, sagt die Dame, der man ihr Alter nicht ansieht, der hat vielleicht ne Jeschichte, da wird's gleich schummrig in mir. Der Schröder. Ob der mal so endet wie Krenz, kann icke natürlich nich sagen, weil ... Und guckt dabei bedeutungsschwer in die Runde. Aber Ihnen darf ick ja verraten, dass 1984 der Krenz und der Schröder hier in Berlin, ick meen natürlich Ostberlin, die damalje Hauptstadt der damaljen DDR, also janz schön jekungelt ham'se ...
Wir zucken entsetzt zurück. Schröder und Krenz, wie geht das zusammen?
Nich, wat Se denken, sagt die Historia, der Roth war doch dabei, und legt uns zum Beweis ein Foto von adn-Zentralbild vor. Sieht doch janz friedlich aus. Saft ham'se jetrunken, ne Orgie war's jedenfalls nich. Der Roth war übrijens nett, deswejen isser ja auch wech von die Fenster.
Nun wollen wir aber wirklich wissen, was die beiden Politiker damals redeten. Die Webstuhlfrau-Managerin ziert sich ein bisschen. Woll'n Se wirklich? Wir wollen.
Nu jut, sagt sie, wenn'Se Spaß dran ham.
Mit hölzerner Stimme liest sie wie weiland Karl-Eduard: Das Mitglied des Politbüros und Sekretär des ZK der SED Egon Krenz (r.) traf am 1. September 1984 mit dem stellvertretenden Vorsitzenden der SPD-Fraktion im Bundestag der BRD Wolfgang Roth (l.) und dem SPD-Bundestagsabgeordneten Gerhard

Schröder (2.v.l.) zu einem Meinungsaustausch über aktuelle Fragen des Kampfes für den Frieden und der europäischen Sicherheit zusammen. Beide Politiker weilen anlässlich der Leipziger Messe in der DDR.
Das kann doch nicht alles gewesen sein?, zitieren wir Biermann.
Doch, sagt sie, dette stand so im Neuen Deutschland. Mit Bild. Und was haben die Herren geredet, wenn sie nicht Juice tranken? Sie waren doch dabei, nicht wahr?
Ach Jottchen, sagt sie, ach Jottchen, und zieht ein vergilbtes Papier mit ihren stenografischen Notizen aus einem Abfallsack: Der SPD-Bundestagsabgeordnete der BRD, Gerhard Schröder, brachte seine hohe Wertschätzung gegenüber der Friedenspolitik der DDR zum Ausdruck und betonte, dass die Deutsche Demokratische Republik als zehntstärkste Industriemacht der Welt mit dem allseits verehrten Genossen Erich Honecker, Generalsekretär der Sozialistischen Einheitspartei Deutschlands, Vorsitzender des Staatsrates und Vorsitzender des Nationalen Verteidigungsrates der Deutschen Demokratischen Republik, Held der Arbeit, Verdienter Werktätiger des Volkes und Träger weiterer hoher internationaler Auszeichnungen, darunter Lenin- und Stalin-Orden, an der Spitze ...
Aufhören, rufen wir. Aufhören. Hat Schröder das wirklich gesagt?
So ähnlich jedenfalls, sagt sie. Ick bin erst uffjewacht, als allet vorbei war. Sie müssen schon entschuld'jen, damals war ick noch janz alleene am Webstuhl der Zeit, ohne meine Verdreher, Vergesser und Verwirrer. Det hat sich nu jeändert, Kohl und Schröder sei Dank.
Wie bitte?
Umdenken, junge Freunde, umdenken, heeßt heute die Devise. Nachdenken is nich mehr. Wat woll'n se mit Nachdenken, wenn Umdenken in is. Icke bin die Jeschichte. Und aus die Jeschichte lern', heeßt natürlich von mir lern', det müssen Se als ehemalijer Dialektiker doch bejreifen können. Mich bezahlt der jeweil'je Kanzler. Keen Euro stinkt nich.
Frau Historia wirkt plötzlich ein wenig genervt und verfällt in modernstes Kanzleramtsanwärterhochdeutsch und schreit: Aber jetzt schleicht's Euch, Saupreiß'n damische, Himmerherrgottkruzifixsakradi noch amoal!

Verfolgte und Verfälscher

Bärbel Bohley

Gegenwärtige Interessen und die Last mit den Opfern

»Wer die Lebensleistungen Ostdeutscher in den Blick nimmt, muss vor allem auf die enormen Leistungen schauen, die in den letzten zehn Jahren vollbracht wurden.« Diesen Satz hat Gerhard Schröder nicht etwa bei einem Wirtschaftsseminar oder einer Veranstaltung zum Thema »Wiedervereinigung« geäußert, sondern im Zusammenhang mit der Frage, wie künftig mit den Stasiakten umgegangen werden soll. Deshalb ist er nur als indirekte Aufforderung zur Schlussstrichziehung unter das Thema »DDR-Vergangenheit« zu verstehen. Wörtlich genommen, trifft der Satz ohnehin nur auf die heute Dreißig- bis Fünfunddreißigjährigen zu. Die Lebensleistung der älteren Generation ist da vollbracht worden, wo sie die meiste Lebenszeit verbracht hat – und das war nun mal in der DDR.
Kanzler Schröder hat weder die Zeit des Nationalsozialismus miterlebt, noch das Leben in der DDR kennen gelernt. Darum weiß er auch nicht, was ein Mensch, der in einem totalitären System seine meiste Lebenszeit verbracht hat, alles zu den Lebensleistungen zählt. Für mich sind das nicht nur materielle Dinge oder eine steile Karriere, beides konnte man auch in der DDR erreichen, wenngleich der Preis unvergleichlich höher war als in der Bundesrepublik und manchmal den ganzen »Menschen« gekostet hat. Das zeigen ja besonders die Stasiakten! Für mich und viele andere Menschen ist immer noch die wichtigste »Lebensleistung«, unter einer Diktatur den »Menschen« retten zu wollen. Das geschah sehr unterschiedlich und reichte von stiller Solidarität bis zur Selbstverbrennung. Aber immer ging es auch um die Verteidigung des Menschen, der ungeknebelt leben wollte.
Manchmal geschah das von der Stasi unbemerkt, meist aber mit unverhältnismäßig harten und brutalen Folgen für den

Einzelnen, seine Freunde, seine Familie. Diese Folgen sind auch in den Stasiakten dokumentiert!
Der Kanzler plädiert »entschieden dafür, dass die Befassung mit der Vergangenheit auch weiterhin notwendig ist, und zwar als gesamtdeutsche Aufgabe«. Wenn diese »Befassung« ebenso aussieht wie in der Diskussion, die Schröder am 8. Mai mit Martin Walser im Berliner Willy-Brandt-Haus zum Thema »Nation, Patriotismus, Demokratische Kultur« geführt hat, dann landen wir wohl bald bei einem freundlichen Gedankenaustausch über die Leistungen des BFC Dynamo. Sommerseminare zum Thema »DDR« finden ja schon seit Jahren in den USA statt und werden besonders gern von ehemaligen Stasis besucht. Notwendig ist eine historische Selbstreflexion, bei der weder die Verbrechen des Faschismus noch die des »realexistierenden Sozialismus« herausgehalten werden dürfen.
Sicher ist es nicht leicht, der Kanzler aller Deutschen zu sein, denn das schließt alle, auch die aus der DDR übernommenen »Täter und Opfer« ein. Es ist sicher schwer, deren Geschichte gerecht zu werden, vor allem, weil die Befassung mit dem DDR-Unrecht von Anfang an fast nur auf die Stasi fokussiert war und alle anderen Tätern gut weggekommen sind. Wem also soll unsere Aufmerksamkeit gelten? Den Opfern der Wiedervereinigung oder denen der SED-Diktatur? Auch ich bin der Meinung, dass ein Nachtwächter des Ministeriums für Staatssicherheit weniger Verantwortung für das DDR-System hatte als der Vorsitzende des Berliner Rechtsanwaltskollegiums. Sicher ist es ungerecht, dass der Nachtwächter heute Probleme hat, eine Stelle im öffentlichen Dienst zu finden, während der andere Koalitionspartner der SPD in Berlin ist. Sicher ist es ungerecht, wenn die Küchenfrau aus der Haftanstalt Hohenschönhausen arbeitslos ist und der Stellvertreter ihres obersten Dienstherrn sich nach Jahren berufsbedingter Abstinenz im Licht der Öffentlichkeit sonnen kann. Aber der Bundeskanzler kann sicher sein, dass diese »Opfer der Wiedervereinigung« und auch ihre ehemaligen Arbeitgeber sehr viel besser in den verschiedensten Interessenverbänden und Parteien organisiert sind als die Opfer der SED-Diktatur. Das habe ich auch einsehen müssen, dass es volle Gerechtigkeit nicht gibt, aber wer bedarf deshalb unseres besonderen Augenmerks?
Es ist nicht nur in Deutschland so, dass die Haltung der Gesellschaft den Opfern gegenüber eher zwiespältig ist. Nicht nur,

weil in der Zeit nach dem Sturz eines totalitären Systems der Aufbau eines demokratischen aller Kräfte bedarf, sondern auch, weil die schweigende Mehrheit durch die Opfer ständig an die eigene Feigheit erinnert wird. Die ungenügende juristische Aufarbeitung des DDR-Unrechts und das häufige Verständnis der Gesellschaft für die Täter (wer weiß, was ich gemacht hätte, wenn ich in der DDR geboren worden wäre) haben bei vielen Opfern einen Stachel hinterlassen, den der Kanzler nicht noch weiter ins Fleisch treiben sollte. Wenn er meint, »nach diesem Urteil haben wir Anlass, uns entschieden dagegen zu wenden, dass die DDR-Geschichte zum Instrument ganz gegenwärtiger Interessen in der politischen Auseinandersetzung gemacht wird«, dann höre ich auch Martin Walsers Worte zu den Verbrechen des Judenmords und die »Instrumentalisierung unserer Schande zu gegenwärtigen Zwecken« mitklingen. Die Geschichte des Nationalsozialismus ist noch längst nicht nur Papier. Viele sind tot, aber es gibt noch immer Zeugen. Erst recht ist DDR-Geschichte lebendig.
Wenn man an einige politische Entscheidungen der SPD in den letzten Jahren denkt, als jüngste ist die Berliner Koalition zu nennen, hat auch Kanzler Schröder ein »gegenwärtiges Interesse«, dass DDR-Geschichte aus der politischen Auseinandersetzung herausgehalten wird. Und das ist für die Betroffenen ein großer Schmerz. Der Trend geht in Richtung Verdrängung und Verleugnung. Angeblich kann nur dadurch Ruhe einkehren. Selbst, wenn die Täter verurteilt wurden, was natürlich eine gewisse Genugtuung für die Opfer bedeutet, ringt sich die Politik nur noch Gesten ab. Besonders deutlich wurde das an dem Gesetzentwurf des Bundestags-Sportausschusses, der eine einmalige Entschädigung von 2000 bis 4000 Euro für Opfer der kriminellen Dopingpraxis im DDR-Sport vorsieht, anstatt sie in das Bundesversorgungsgesetz einzubeziehen. Ihre oft nicht wieder gutzumachenden Schäden werden bleiben, auch ihre Ohnmacht, ihr Zorn und ihre Hilflosigkeit.
Man kann sich trösten und sagen, wir leben jetzt in einem Rechtsstaat und haben die Möglichkeit, uns zu organisieren, um unsere Gefühle zu teilen, unser Recht vielleicht durchzusetzen. Bei den Wahlen können wir unsere Stimme denen geben, die am ehesten unsere Interessen vertreten. Es gibt eine Öffentlichkeit, deren Interesse auch wieder wachsen kann,

wenn als Folge von Verdrängen und Vergessen alte Geister auferstehen. Für »ein grundsätzliches Umdenken« ist es noch nicht zu spät, aber bitte in die richtige Richtung.

Andreas Weigelt

KZ-Forschung im Datengrab

Waren die Verantwortlichen für den Mord an mehreren Tausend vor allem jüdischen KZ-Häftlingen des Außenlagers »Lieberose« Betroffene, Dritte oder Begünstigte des MfS? Das Urteil zu den MfS-Unterlagen über Helmut Kohl wird möglicherweise zur Folge haben, dass der Autor dies ab sofort nachzuweisen gezwungen ist. In ersteren beiden Fällen wird er die Blockführer von »Lieberose« womöglich sogar um Herausgabeerlaubnis für die Akten bitten müssen. Die meisten sind allerdings gestorben und können nicht mehr befragt werden. Nur ein KZ-Blockführer lebt noch, und der könnte nun mit Rechtsanspruch verhindern, dass Originaldokumente wie sein vom MfS archivierter Wehrpass der Forschung zur Verfügung gestellt werden. Weiter könnte er Vernehmungsprotokolle des MfS zum Vorgehen der Blockführer im Lager »Lieberose« sperren lassen. Zu vermuten ist allerdings, dass er sich diese Mühe gar nicht machen muss, weil die Birthler-Behörde gezwungenermaßen ohnehin kaum noch Unterlagen zum Fall »Lieberose« freigeben wird.
Das Außenlager »Lieberose« gehörte zum KZ Sachsenhausen, es bestand zwischen 1943 und 1945 in dem fünf Kilometer von Lieberose entfernten Dorf Jamlitz. Schätzungsweise 6.000 bis 10.000 Gefangene durchliefen das Lager, davon 90 Prozent jüdische Häftlinge. Ohne Zweifel war der letzte noch lebende Blockführer ein Funktionär des NS-Regimes und vielleicht sogar ein Mörder, wofür es einige Anhaltspunkte gibt. Aber: Das MfS hat über ihn »zielgerichtet« Informationen erhoben. Sie unterliegen nun der Unterlassungspflicht, sofern der Blockführer nicht ihrer Herausgabe zustimmt, da sie, wie alle Informa-

tionen des MfS pauschal, nach dem Urteil des Bundesverwaltungsgerichts als »rechtsstaatswidrig« erworben angesehen werden.
Das mag für einen Teil der Akten zutreffen, für Spitzelberichte oder Abhörportokolle, auf die die Auseinandersetzung und das Urteil fatal fixiert sind. Diese verhängnisvolle Klassifizierung eines großen Teils dieses DDR-Schriftguts verkennt unter anderem, dass das MfS NS-Akten auch schlicht gesammelt hat – zum Beispiel Kopien von 1945 im KZ Sachsenhausen gefundenen Originalakten aus dem KGB-Archiv, wozu unter anderem der Wehrpass des »Lieberoser« Blockführers gehört. Es hat Akten aus Regionalarchiven beschlagnahmt, Unterlagen aus Privatarchiven nicht zurückgegeben und in großem Umfang Gerichtsunterlagen archiviert. Hinzu kommt: Ermittlungen zu nationalsozialistischen Massenverbrechen durften nur vom MfS geführt werden. Im konkreten Ermittlungsfall ZUV 73 sind seit 1971 Dutzende reguläre Vernehmungsprotokolle mit Bürgern aus der Umgebung von Jamlitz und ehemaligen Häftlingen des Lagers entstanden. Diese Informationen ebenfalls als »rechtsstaatswidrig« beschafft anzusehen, ist bei aller notwendigen Kritik an den Praktiken des MfS widersinnig. Und dennoch wird ihnen durch einen juristischen Schachzug ohne Prüfung jegliche Sachlichkeit abgesprochen. Abgesehen davon wäre es nicht uninteressant, einmal höchstrichterlich feststellen zu lassen, ob es juristisch redlich ist oder vielmehr demagogisch, von einem Unrechtsstaat zu erwarten, dass er, beziehungsweise sein Geheimdienst, seine Informationen rechtsstaatskonform erworben hat.
Ob dieses DDR-Ministerium seinen Informationsbedarf in Gänze illegal gedeckt hat und welches Gewicht dem beigemessen wird, ob die Zusammenarbeit eines (übrigens sehr geringen) Teils der DDR-Bevölkerung mit dem MfS inoffiziell, gesellschaftlich informell oder ganz offiziell geschehen ist, ist sicher nicht nur eine juristische Frage. Mag das Bundesverwaltungsgericht durch sein Urteil eine bestimmte Auslegung des Stasi-Unterlagen-Gesetzes durchsetzen können oder nicht, der Gesetzgeber wird gehalten sein, Teile des MfS-Archivs zu deklassifizieren und dem Bundesarchivgesetz zu unterstellen, allem voran das NS-Archiv und alle darauf bezogenen MfS-Unterlagen.

Wendet man das Urteil auf nationalsozialistische Massenverbrechen und deren umfangreiche Überlieferung im MfS-Archiv an, so wird auch die Konfusion im Umgang mit Personen der Zeitgeschichte offensichtlich. Als solche wird der KZ-Blockführer anzusehen sein, denn über ihn existieren einige Gerichtsakten, über ihn wurde geschrieben, seine Biografie ist in einer Wanderausstellung zum Lager »Lieberose« veröffentlicht, nicht zuletzt haben Tausende KZ-Häftlinge unter ihm zu leiden gehabt. Man führe sich dies vor Augen und lese aufmerksam folgenden Satz des Urteils: »Selbst ein Amtsträger in Ausübung seines Amtes kann ... nicht ausschließlich als Teil der Institution ohne eigene persönliche Betroffenheit angesehen werden.« Es komme auch darauf an, »in welcher Funktion etwa eine abgehörte Äußerung getan worden ist ...«. Übersetzt heißt das: Hat ein NS-Funktionär, nehmen wir die Mörder von »Lieberose«, subjektiv nicht als Amtsträger, also als Person der Zeitgeschichte, gemordet, sondern als Fritzchen Meier, hat er darüber als Vater seinem Sohn am Telefon berichtet, und ist von diesem Verbrechen in MfS-Abhörprotokollen und anderen im MfS archivierten Dokumenten die Rede, so ist seine Privatsphäre schützenswerter als die Kenntnis dieses Verbrechens. Sein Name muss geschwärzt werden, um dem Opferschutz Genüge zu tun.
Schutzwürdig wird damit nach dem Kohl-Urteil jedes Interesse einer in MfS-Unterlagen erscheinenden Person, allein, weil sie mit ihrem Namen enthalten ist, es sei denn, sie gehörte zum Kreis der MfS-Mitarbeiter oder -Begünstigten.
Sollte eine Novellierung des Stasi-Unterlagen-Gesetzes das Urteil bestätigen, so wird die Behörde der Bundesbeauftragten vor unlösbare Aufgaben gestellt. Jeder, der mit MfS-Material gearbeitet hat, versteht, dass weder die prüfenden Mitarbeiter noch die Antragsteller in der Lage sein werden, die Fülle an Personen, die in einzelnen Vorgangs- oder Sachakten enthalten sind, nach ihrem Charakter als Personen der Zeitgeschichte, als Betroffene oder Dritte oder als MfS-Mitarbeiter zu beurteilen. Also wird präventiv geschwärzt werden, Originalakten dürften im Grunde kaum noch gezeigt werden.
Besonders absurd ist die Lage im Umgang mit den Publikationen auf BStU-Quellenbasis. George Orwells »Großer Bruder« könnte inkarnieren und wie Phoenix aus der Asche steigen.

Bücher müssten eingestampft werden, Bibliotheken, Institutsarchive und PC-Dateien wären zu zensieren ... Auch der Autor trüge künftig eine Schere im Kopf, wenn er auf der Grundlage bisher eingesehenen MfS-Materials zu sprechen hätte. Selbst ein Teil dieses Beitrags dürfte nicht geschrieben werden und der Autor viele seiner bereits veröffentlichten Erkenntnisse seit dem 8. März 2002 nicht mehr zitieren.

Sachunkundig unterstellt das Urteil, die vom Stasi-Unterlagen-Gesetz angestrebten Aufarbeitungsziele könnten auch mit zur Herausgabe bewilligten Unterlagen, solchen über MfS-Mitarbeiter oder -Begünstigte und anonymisierten Unterlagen erreicht werden. Anonymisierte Akten sind Akten, aus denen die handelnden Personen getilgt sind. Derart gefleddertes Schriftgut mag noch einen juristischen Sinn zelebrieren, als Verwaltungsakten einer staatlichen Behörde sind sie entwertet. Verwaltungsakten ohne Personenbezug gibt es nicht.

Auch die Geschichte des KZ-Außenlagers »Lieberose«, seiner Wahrnehmung und das Gedenken an dieses Lager sind zu 100 Prozent Lebensgeschichte von Menschen. Einen Teil dieser Geschichte hat das MfS recherchiert, das eingesehene Material erlaubt Folgerecherchen. Die Einwohner des Dorfes Jamlitz, in dem sich das Lager befand, sind Zeugen eines außergewöhnlichen Geschehens geworden, sie haben sich während der MfS-Ermittlungen ab 1971 an Namen von SS-Angehörigen erinnert, kannten Strukturen und Angehörige der SS-Standortverwaltung, die in keinem anderen Archiv überliefert sind, machten Angaben zu den Arbeitskommandos und den dort beschäftigten Firmen. Das Verhältnis dieser Bevölkerung zur Existenz des Lagers in ihrem Dorf ist ohne die Unterlagen des MfS nicht erforschbar, es gibt keine Parallelüberlieferung. Ohne die MfS-Akten, die nicht nur in Bezug auf »Lieberose« als gesamtgesellschaftliches Archiv der DDR-Verhältnisse anzusehen sind, ist die Geschichte dieses Lagers und des besonderen Umgangs mit ihr in der DDR nicht zu schreiben. Als 1971 ein Massengrab bei Jamlitz entdeckt wurde, entschied maßgeblich das MfS, das Zahngold von 577 vor allem jüdischen Opfern einzuschmelzen und der Staatskasse der DDR zuzuführen, die Gebeine der Ermordeten entgegen jüdischem Ritus einzuäschern, schließlich den Gedenkort und letzte bauliche Reste des Lagers in Jamlitz bis 1973 zu schleifen. Seine Mitarbeiter wachten arg-

wöhnisch darüber, dass von der DDR-Auffassung über Leiden und Kämpfen in einem Außenlager wie »Lieberose« abweichende Aspekte die Öffentlichkeit nicht erreichten. Der Charakter des Lagers als jüdisches Vernichtungslager blieb im Hintergrund, statt dessen wurden die mehrheitlich jüdischen Insassen nachträglich zu antifaschistischen Vorkämpfern für die DDR stilisiert. Ehemalige Häftlinge aus dem »nichtsozialistischen Ausland«, aus Israel, sollten nicht vor Schülern sprechen. All dies wurde in Kooperation mit Funktionären aus Schule und Kommune, Räten der Kreise und Bezirke, SED-Kreis- und -Bezirksleitungen und gesellschaftlichen Organisationen bewerkstelligt. Die weitere Erforschung dieses Zusammenhangs, vor allem des Einsatzes von IM's und GIM's wird wohl künftig an schwarzen Blättern scheitern.
Geschichte ist Geschichte von Menschen. Sie gehören Parteien an oder nicht, sie sind Staatsbürger, Amtsträger, Personen der Zeitgeschichte, Betroffene, Mitarbeiter, Begünstigte oder nicht. Ein Gesetz, das als Sondergesetz bewusst verschiedene Kategorien von Bürgern vorsah, ist aufs Glatteis geführt worden. Das Kohl-Urteil verwandelt eine Bundesbehörde in ein Datengrab, in etwas, an dem sich nun Hunderte von Behördenangestellten abarbeiten dürfen.

Joachim Goertz

Die Spuren meines Vaters

Was sind die Rechte einer Person der Zeitgeschichte, was die eines Betroffenen? Wann ist eine Person der Zeitgeschichte ein Betroffener? Was unterscheidet gegebenenfalls eine Person der Zeitgeschichte von einem Betroffenen? Inwieweit betrifft die DDR-Geschichte die alte und die neue Bundesrepublik? Über diese konkreten und grundsätzlichen Fragen streiten seit einiger Zeit Juristen, Historiker, Journalisten, Bürgerrechtler und Politiker im Zusammenhang mit der Aneignung der Hinterlassenschaften der SED-Diktatur, speziell bei der Interpretation

des Stasi-Unterlagen-Gesetzes, mehr oder weniger trefflich. Einsicht, Aufklärung und Überprüfbarkeit, Recht und Versöhnung sind die bestimmenden Begriffe, auf die man unweigerlich in diesem Streit trifft.
Nun mehren sich nach dem Urteil des Bundesverwaltungsgerichts zur Verfügungsgewalt über die MfS-Akten Helmut Kohls die Stimmen derer, die eine grundsätzliche Überprüfung der bisherigen Aufarbeitungspraxis anmahnen. Diesmal sind es nicht die üblichen Verdächtigen, die im Umfeld der PDS das Unrechtsregime der DDR verschweigen, verharmlosen und relativieren wollen, sondern Repräsentanten der Bundesrepublik, die in ihren Funktionen nicht nur persönliche Meinungen absondern, sondern daran zweifeln lassen, ob die Aufarbeitung der SED-Diktatur noch als Verfassungsauftrag angesehen wird. Nicht nur der Bundeskanzler, sondern auch der Bundestagspräsident und der Kanzlerkandidat der Union sehen die Zeit gekommen, ein neues Kapitel bei der Aneignung der DDR-Geschichte auf- und alte Kapitel zuzuschlagen.
»Alles hat seine Zeit«, sprach einst der Prediger – »Einsehen hat seine Zeit, Forschen hat seine Zeit, Überprüfen hat seine Zeit«, tönen heute die Prediger des partiellen Schlussstriches und suggerieren, dass nur die Westdeutschen Subjekte, die Ostdeutschen nur Objekte der Geschichtsaneignung sind. Damit beschwören sie aber gerade das herauf, was sie meinen, verhindern zu müssen.
»Alles hat seine Zeit« – das ist freilich in einem ganz anderen Sinn richtig und evident: »Leben hat seine Zeit und Tot sein hat seine Zeit.« So wie es in der Diktatur um Leben und Tod geht, geht es auch in der Aneignung von Diktaturgeschichte um Leben und Tod, um die Lebenden und die Toten.
Die an der Diktatur Gestorbenen können sich nicht mehr wehren, weder die Prominenten noch die »Namenlosen«. Sie können nicht verhindern, dass sie noch einmal verscharrt werden wie einst die Mauertoten. Die Schilys, Schorlemmers, die Kohl-Getreuen werden mit ihren »ästhetischen« Fantasien über die Stasiakten zwar neue alte Freunde gewinnen, aber die Aufklärung der Konspiration einer ganzen Gesellschaft werden auch sie nicht verhindern. Sie werden nicht das Testament der Verstorbenen außer Kraft setzen können, das den Überlebenden aufgibt, ihren Willen zu vollstrecken, das widerfahrene

Unrecht und die individuelle Verstrickung zu entblößen. Unsere Mütter und Väter dieses öffentlichen Raumes zu verweisen, kann auch und gerade nicht aus Gründen heutiger »Staatssicherheit« hingenommen werden.
Ich rede als ein Betroffener aus der DDR, der nicht nur als damals 16-Jähriger 1973 zum ersten Mal bespitzelt wurde, sondern auch als Sohn eines Vaters, dem es bis zu seinem Tod im Jahr 1977 verwehrt war, seine authentische Lebensgeschichte zu erzählen. Erst die Möglichkeit, den Spuren seines Lebens, die er in von der Stasi verwalteten Akten hinterlassen hat, zu folgen, lässt sein Leben in zwei Diktaturen nicht in deren Anonymität verschwinden. 1912 in Danzig geboren, 1936 wegen Wehrkraftzersetzung in Allenstein inhaftiert und verurteilt, wurde Helmut Goertz, nachdem er zum Arbeitsdienst in Leipzig beordert worden war, ins KZ Buchenwald eingeliefert. Nach der Befreiung durch die Amerikaner konfiszierte er in deren Auftrag jüdisches Nazi-Raubgut in Thüringen, geriet aber, nachdem die Sowjets im Sommer 1945 in Thüringen die Kontrolle übernahmen, durch Denunziation in die Fänge der deutschen Kriminalpolizei. Offensichtlich wurde er 1946 in das Speziallager Buchenwald eingeliefert und erst 1949 entlassen. (Auch, um das herauszufinden, müssen die Akten zugänglich bleiben.) In den 50er Jahren kam er in Weimar mehrfach mit den Gesetzen in Konflikt und wurde, nachdem er einige Monate für die Kriminalpolizei als Kontaktperson »Wiener« gearbeitet hatte, unter anderem wegen Staatsverleumdung verurteilt. Die Zusammenarbeit wurde nach seiner Entlassung aus der Haft 1959 eingestellt. In den 70er Jahren kam er schließlich in die Nervenheilanstalt. Ich war damals noch zu jung, um ihm gezielter Fragen stellen, er schon zu verwirrt, um sie nachvollziehbar beantworten zu können.
Ein bewegtes Leben, in wenigen Zeilen zusammengefasst, über das ich nicht hätte mehr erfahren können, wenn die DDR nicht von der Bildfläche verschwunden wäre, und wenn die, die sie retten wollten, in ihrem Aktenvernichtungstrieb nicht gestoppt worden wären. Zugegeben, ein vielleicht unbedeutender Fall, aber das ist ja gerade das Verhängnis der Geschichte des 20. Jahrhunderts gewesen, dass das Schicksal des Einzelnen zum Spielball vermeintlich höherer Interessen gemacht wurde. Gerade Helmut Kohl, der wie kein anderer Politiker der Nach-

kriegszeit in Deutschland den öffentlichen Raum mit seinem persönlichen Gewicht ausgefüllt hat (und beides mitunter vielleicht vermischt und verwechselt), sollte sich nicht zum Steigbügelhalter derer machen, die den öffentlichen Raum als ihre Beute ansehen und in seinem Windschatten – in unverhohlener Freude – sich ihre Beute auch nicht durch das Vermächtnis der Herbstrevolution von 1989 nehmen lassen wollen.
»Ob Ossi oder Wessi: Opfer sind wir alle gleich«, diese Logik verkennt, dass die Aufklärung von Verstrickung in die Machenschaften der SED und ihres Schildes und Schwertes in Ost und West möglich ist. Wenn man es nur will.

Ines Geipel

Weggeschlossen
Das andere Gesicht der Literatur

Ein Foto wie aus Licht – die ruhige Oberfläche eines Sees, beinah Windstille, im Hintergrund irgendwelche Zeichen, vielleicht flaue Segel, auf einer Anhöhe eine junge Frau über dem Wasser sitzend: schmaler, sportiver Körper, ärmelloses T-Shirt, braungebrannt, haarscharf an der Brüstung lehnend, ihre Augen und die Farbe des Wassers schon ununterscheidbar. Ein Foto des Sommers 1959. Eveline Kuffel, vierundzwanzigjährige Ostberliner Bildhauerstudentin, sitzt über dem Lago Maggiore und lacht. Sie hat drei Wochen Italien hinter sich. Ihren wiederholten Antrag, den Carrara-Marmor der Renaissance in Italien zu sehen, um wirklich Bildhauerin werden zu können, hatte die Kunsthochschule Weißensee nach langer Zeit bewilligt. Kaum war die Studentin aus Italien zurück, erfolgte ihre Relegation vom Studium, wegen mangelnder Disziplin, heißt es in den Akten. Dass für solch administrative Zugriffe manchmal ein Wort zu wenig oder eines zu viel, ein einfaches Nichtmitmachen oder eines an falscher Stelle, Grund genug sein konnten, ist mittlerweile hinlänglich bekannte Tatsache.

Beim Aufbau des »Archivs unterdrückter Literatur in der DDR«, das derzeit bei der Stiftung zur Aufarbeitung der SED-Diktatur entsteht, während mehrjähriger Sichtungen zum Beispiel von Aktenbeständen in der Birthler-Behörde, wird immer deutlicher, dass es oft diese elementare, lebensnotwendige Renitenz war, nicht selten von sehr privater Natur, die die Weichen für Leben und Kunst in der DDR stellte. Einmal auffällig geworden, relegiert oder bestraft, einmal aus dem öffentlichen Raum aussondiert, gehörte schon einiges dazu, um noch einmal ins sichere DDR-Kunst-Normenfeld zurückzustoßen.

Eveline Kuffel beabsichtigte solcherart Reintegration nicht; mit ihr war in der DDR kein Staat mehr zu machen. Ihr Weg wurde nach Relegation, Mauerbau 1961 und ihrer Hinwendung zum Schreiben, weg von der Bildhauerei, ein rückhaltlos offener – das Bestehen auf der eigenen Kunstwahrheit. Ein ungeschützter Grenzgang. 1978 starb sie mit 43 Jahren völlig erschöpft in Ostberlin.

Eveline Kuffels Lebenskonsequenz war außergewöhnlich und ist dennoch kein Einzelfall. Joachim Walther und ich haben als Begründer und Bearbeiter des geplanten Archivs derzeit etwa dreihundert Nachlässen nachzugehen. Dabei gehört es zum Sarkasmus der Geschichte, dass wir beim Versuch, zerstobene Leben zusammenzutragen und deren Schreibwelten zusammenzufügen, oft keine andere Einstiegsmöglichkeit haben als durch die Akten in der Birthler-Behörde. Dort lagern – weggeschlossen – die zu DDR-Zeiten tabuisierten Schicksale Einzelner, dort liegt – abgetrieben – die nichtrepräsentierte geistige Autonomie der ostdeutschen Kunst in der zweiten Diktatur.

Da mit jetziger Rechtsprechung die Akten Verstorbener nicht mehr einsehbar sind, wäre ein Leben wie das von Eveline Kuffel einmal mehr weggesperrt, bliebe unbenannt. Dazu kommt, dass in der Kriminalakte »Poeten« – die die »operative Bearbeitung« der Dichterin wegen »staatsfeindlicher Hetze« belegt, das heißt ihren Versuch, die eigenen Texte in der Bundesrepublik veröffentlichen zu lassen, da ihr jegliche Publikation in der DDR verwehrt war – von nun an Namen und Informationen von Amtsträgern und Funktionsinhabern gestrichen würden. Eveline Kuffels Schicksal würde einmal mehr verfälscht, ihre politisch eindeutige Haltung bis ins Unkenntliche verzerrt.

Wie ihr erginge es vielen: Edeltraut Eckert, eine der begabtesten Dichterinnen der Nachkriegszeit, 1930 geboren, 1950 in Potsdam verhaftet und wegen ihrer Schriften für »Demokratie und Freiheit« zu 25 Jahren Arbeitslager verurteilt, starb 25-jährig im Haftkrankenhaus Leipzig-Meusdorf. Susanne Kerckhoff, eine der wichtigsten literarischen Stimmen des Nachkriegs, beging 1951 mit 32 Jahren Selbstmord, nachdem der Druck wegen ihres öffentlichen Einspruchs zu den gänzlich undemokratischen Politumbauten in der DDR-Gründungsphase für sie unaushaltbar geworden war. Peter Beitlich, 1949 geboren, hochtalentierter Dichter, wurde 1966 an der thüringischen Grenze zum anderen deutschen Staat erschossen. Rolf Becker, 1980 wegen eines seiner Manuskripte verhaftet und zu fünfeinhalb Jahren Gefängnis verurteilt. Oder was ist mit dem Autor Alexander Richter, 1982 wegen staatsfeindlicher Hetze zu sechs Jahren Haft verurteilt? Oder mit Uwe Keller, Lyriker, 1981 wegen seiner Texte zu sechs Jahren und acht Monaten Haft verurteilt?

Lediglich einige Namen – sie stehen exemplarisch für das andere Gesicht der ostdeutschen Literatur. Doch die Akten der Betroffenen in der Birthler-Behörde stapeln sich und bleiben uneingesehen; das begonnene Archiv liegt – was die Arbeit dort betrifft – ganz ohne Not auf Eis. Eine Novellierung des Stasi-Unterlagen-Gesetzes ist notwendig. Im Grunde hat sie nur eines zu bedenken: den Opfern entsprechenden Raum geben und die Schuld der Täter benennen.

Erika Drees

»Antiterror«-Gesetze in der Tradition der Diktaturen

Ausnahmsweise möchte ich Kanzler Gerhard Schröder einmal zustimmen: Ein »grundsätzliches Umdenken« hinsichtlich des Umgangs mit Geheimdiensten ist in Deutschland dringend nötig. Opfer und TäterInnen der DDR-Staatssicherheit haben in den vergangenen zwölf Jahren ihre Arbeit geleistet, so gut sie eben konnten. Da gab es schmerzliche Karriereabbrüche, die verkraftet werden mussten, neidische Gefühle gegen Leute, die »schon wieder oben schwimmen«, aber auch intensive Begegnungen zwischen Stasi-Belauschten und »ihren« inoffiziellen Beaufsichtigern. Rache und Vergebung wurden praktiziert, je nach eigenem Vermögen und persönlicher Einsicht. Viele Wunden sind im Laufe der Zeit vernarbt und schmerzen heute nur noch bei Wetterwechsel.

So einen Wetterwechsel hat der Bundeskanzler allen Deutschen nach dem 11. September 2001 beschert und damit bewiesen, dass das von ihm geforderte »grundsätzliche Umdenken« in Regierungskreisen bisher nicht stattgefunden hat. Das von Schröder und Minister Otto Schily verantwortete so genannte Antiterror-Sicherheitspaket führt zu einer Neuauflage der Stasi-Machenschaften mit ebenso falscher Stoßrichtung. Wieder werden die Grenzen zwischen Verfassungsschutz, anderen Geheimdiensten und Polizei verwischt und sind nicht mehr kontrollierbar. V-Männer schreiben NPD-Reden, verteilen Nazi-Symbole und provozieren Gewaltausbrüche bei friedlichen politischen Aktionen. Mit den neuen Möglichkeiten der Speicherung und des Austauschs von Daten sowie technischer Überwachung wird eine unerträgliche Einschränkung der bürgerlichen Freiheitsrechte beschlossen.

Es ist mir unverständlich und alarmierend, wieso die Bundesregierung es zulässt, dass die Freiheit der Bürgerinnen und Bürger wieder den Sicherheitsinteressen des Staates untergeordnet wird. Damit steht die Politik von Herrn Schily in der Tradition der vergangenen Diktaturen Deutschlands. Wieder ist der Bürger das Sicherheitsrisiko und nicht die Politik der Ungerechtigkeit.

Mehr Sicherheit vor Terrorismus ist nur durch Interessenausgleich und gerechte Ressourcenverteilung, jedoch nicht durch Kriege im Sinne der neuen NATO-Doktrin und geheimdienstliche Entmündigung der Gesellschaft zu erreichen. Politische Bildung, Forschung und journalistische Recherche nach dem Stasi-Unterlagen-Gesetz haben bei den Betroffenen in den neuen Bundesländern das »grundsätzliche Umdenken« sehr gefördert, offensichtlich aber nicht bei den Regierenden der Bundesrepublik Deutschland.

Solange der Bundeskanzler die »bedingungslose Solidarität« mit dem militärisch mächtigsten Staat und effektivsten Ressourcenverschwender beteuert, muss er mit dem entschiedenen Protest der Bürgerinnen und Bürger rechnen, die »grundsätzlich umgedacht« haben und sich nicht nochmals entmündigen lassen wollen.

Angelika Barbe

Schumachers gleichgültiger Enkel

Die elfjährige Henriette B. war 1989 Schülerin einer Berliner Polytechnischen Oberschule. Ihretwegen bekam die Klassenlehrerin, Frau Sch., hohen Besuch. Ein Genosse von der unsichtbaren Front wollte ihre Einschätzung zur Persönlichkeit des Kindes hören. Wie sein Klassenstandpunkt sei, welche Äußerungen über das feindliche westliche Ausland es tätige, ob das Kind »kirchlich gebunden« sei (was äußerst verdächtig war).
Der Stasi-Offizier schrieb eifrig mit. Ihn interessierte alles, was die Lehrerin zu berichten wusste. Schließlich sammelte er Belastungsmaterial, um Henriettes Mutter ins Gefängnis zu bringen. Außerdem musste die SED – seine Auftraggeberin – rechtzeitig verhindern, dass feindlich-negative Personen und ihre Angehörigen womöglich eine höhere Bildung bekamen. Frau Sch. erzählte bereitwillig, dass Henriette »prowestlich orientiert ist, wie es normalerweise bei Kindern dieser Altersgruppe nicht zu verzeichnen ist. Besonders deutlich wird dies in Äußerungen der B. im Heimatkundeunterricht. Bezugnehmend auf ihre Verwandtschaft in der BRD (Bruder der Mutter) zeigt sie vor ihren Mitschülern auf, dass die Verhältnisse in der BRD nicht mit den Schilderungen in den DDR-Medien übereinstimmen, die Aussagen der DDR-Medien also falsch sind.«
Zwei Jahre später lasen Henriette und ihre Mutter diese Zeilen in ihren Stasiakten. Die geöffneten Unterlagen brachten ans Licht, was doch für immer verborgen bleiben sollte. Henriette

war fassungslos. Niemals hätte sie ihrer Lieblingslehrerin den Verrat zugetraut – ihr, zu der sie tiefstes Vertrauen hatte. Die Mutter bat Frau Sch. zum Gespräch. Es stellte sich heraus, dass Frau Sch. kein Inoffizieller Mitarbeiter der Stasi (IM) gewesen war, auch kein hauptamtlicher Spitzel. Sie habe die Fragen des Tschekisten damals »ohne nachzudenken« beantwortet. Es tue ihr heute Leid, beteuerte sie unter Tränen. Und sie gab zu – ohne die geöffneten Akten wäre sie sich ihrer Schuld nie bewusst geworden. Sie habe alles verdrängt und nie geglaubt, dass sie ihrer Schülerin mit diesen unbedachten Äußerungen schaden könnte. Henriette und ihre Mutter glaubten ihr. Die Lehrerin arbeitet noch heute in Berlin.

Die Chance zu persönlichem Schuldeingeständnis und Reue wäre nicht möglich geworden, wenn Frau Sch. darauf hätte bestehen können, ihre Daten zu löschen. Geschwärzte Akten hätten den Betroffenen – Henriette und ihrer Mutter – nie Vergebung ermöglicht.

Aufarbeitung der Vergangenheit ist konkret. Schuld ist konkret und individuell. Widerstand und Zivilcourage haben ein Gesicht, sind nicht anonym. Wer Täter und Opfer unkenntlich machen will, achtet die Rolle individuellen Handelns und individueller Verantwortung gering. Die geöffneten zugänglichen Stasiakten beweisen, dass nicht das ganze DDR-Volk am Pranger steht. Wer Widerstand leistete, tritt aus der Anonymität heraus. Die Akten geben den Unschuldigen, den Opfern, den politisch Verfolgten ihre Sprache zurück. Sie dürfen nicht ins Schweigen zurückgedrängt werden, indem man ihre berechtigten Forderungen nach Benennung der Schuldigen verunglimpft.

Ist es tatsächlich so, wie Bundeskanzler Schröder behauptet, dass »endlich ein grundsätzliches Umdenken« beim Umgang mit den Stasiakten und der Vergangenheit stattfinden müsse? Gerhard Schröder steht als Parteivorsitzender in der Nachfolge des legendären ersten SPD-Vorsitzenden nach 1945 – Kurt Schumacher, der eine Zusammenarbeit oder Verbrüderung mit den Kommunisten stets abgelehnt hat. Tausende Sozialdemokraten, die in der DDR Widerstand gegen die SED-Diktatur leisteten, büßten dafür mit ihrem Leben, mit Haft, dem Verlust ihrer Existenz oder langjähriger Verfolgung. Sollen diese Opfer, dieser Mut, diese Zivilcourage plötzlich vergessen sein, weil der oberste Regierungschef keine Lust mehr hat, sich zu erinnern? Die frühere Stasitätigkeit eines Menschen ist Herrn Schröder ebenfalls gleichgültig, wie er im Talk bei Biolek belustigt zum besten gab. Dabei wurden bei dieser Tätigkeit Grundrechte massiv verletzt, und andere Menschen erlitten Schaden. Kann es ihm tatsächlich gleichgültig sein, dass ein Dutzend Ex-Stasigeneräle in einem neuen Buch die Menschenverfolgung des Ministeriums für Staatssicherheit der DDR glorifizieren und Geschichte verfälschen?

Es ist ihm gleichgültig, dass der Lohn für Zivilcourage in der Diktatur heute in gesellschaftlicher Entwürdigung und sozialer Ausgrenzung besteht. Denn längst hätte schreiendes Unrecht beseitigt werden müssen. Die Auftraggeber der Stasi – die SED-Nomenklaturkader – leben mit privilegierten Renten von 1500 Euro und mehr, während die politisch Verfolgten sich mit Sozialhilfe oder Mindestrenten begnügen müssen. Dieses Verhalten der politischen Klasse offenbart ein bedenkliches Geschichts- und Gesellschaftsverständnis. Elie Wiesel fordert dagegen: »Man muss Partei ergreifen. Neutralität und Gleichgültigkeit helfen dem Unterdrücker, niemals dem Opfer.«

In letzter Konsequenz mündet die Schrödersche Forderung nach einem anonymen Umgang mit Schuld und Verstrickung in der kommunistischen Diktatur in einen Debattenschluss. Ein verordneter Schlussstrich aber hieße Entmündigung der Gesellschaft. Zugeständnisse werden ausschließlich von den Opfern verlangt. Egon Bahr dazu: »Von wem denn sonst?« Gleichzeitig wird der Mindestanspruch der politisch Verfolgten auf gesellschaftliche Achtung abgelehnt. Wer diejenigen als Ruhestörer diffamiert, die Aufarbeitung anmahnen, diskreditiert Zivilcourage. Zivilcourage aber ist unerlässlich für eine wehrhafte Demokratie.

Henriette studiert inzwischen. Nach dem Zusammenbruch des SED-Unrechtsstaates verwehrte es ihr im demokratischen Deutschland niemand mehr, ihre Bildungschancen wahrzunehmen. Sie wird Lehrerin – ohne Hass auf eine Pädagogin, die ihr bereits alle Chancen auf ein selbstbestimmtes Leben genommen hatte. Henriette leidet nicht an der Vergangenheit. Sie hatte die Möglichkeit, anhand der Stasiakten darüber zu sprechen, nachzudenken und das Belastende abzustreifen.

Joachim Walther

Zweite Verdrängung gesetzlich verordnet?

Wenn das Konzept der Fürstenerziehung seine durchschlagende Wirkungslosigkeit nicht schon in der Geschichte bewiesen hätte, würde ich einen Brief an den Bundeskanzler etwa des Inhalts schreiben:
Der ersten deutschen Diktatur des 20. Jahrhunderts folgte die erste deutsche Verdrängung. Soll nun der zweiten Diktatur eine zweite Verdrängung folgen? Und zwar eine gesetzlich verordnete?
Die konträren Denkarten sind seit Jahr und Tag bekannt. Die einen wollen Versöhnung ohne Sühne, Erlösung ohne Erinnerung und Vergebung, ohne wissen zu wollen, was eigentlich zu vergeben ist, und plädieren für das Verbrennen, Verkippen und Schließen der hinterlassenen Dokumente, die diese Diktatur am deutlichsten charakterisieren – die Stasiakten. Die anderen dagegen werden nicht müde, den einmaligen Wert dieser Hinterlassenschaft für die politische und historische Aufarbeitung der DDR-Diktatur zu betonen. Vergessen also versus Erinnern.
Nach Stasis glücklicher Höllenfahrt habe ich vier Jahre lang deren Akten ausgewertet und ein Buch über die Verquickung von Schriftstellern und Staatssicherheit in der DDR veröffentlicht. Da ich dem Kanzler die Lektüre dieser 888 Seiten nicht zumuten mag, wiewohl es zweifelsohne nichts schaden würde, einige wenige fakten- und erfahrungsgestützte Kernsätze:
Wenn die DDR eine Diktatur war (was nur die hartgesottensten Nostalgiker noch bestreiten), so hat sie notwendigerweise (wie jegliche Diktatur jedweder Couleur) Täter und Opfer produziert, und es macht lediglich Sinn für die Täter, dies zu leugnen und die moralische Verantwortung für ein Tun oder Lassen zu relativieren. Es ist eine Binsenweisheit, dass die meisten Biografien im weiten Feld zwischen den Extremen liegen, auch die

meine, was jedoch nicht heißt, dass es die Extreme Opfer und Täter nicht gegeben hat. Dieser durchaus nicht ganz unwesentliche Unterschied, sich so oder so ins Verhältnis zur Macht zu setzen, ist nicht aus der Welt zu schaffen.

Um zu verdeutlichen, was ich mit »so oder so« meine, ein prominentes Exempel aus der Literatur: Hermann Kant und Erich Loest, beide Jahrgang 1926, nach dem Krieg junge Männer mit antifaschistischen und sozialistischen Idealen, beide Redakteure in den fünfziger Jahren, nahmen trotz des analogen Anfangs sehr getrennte Wege. Kant wurde 1957 Chefredakteur, Loest hingegen verhaftet und für sieben Jahre in Bautzen weggeschlossen. Kant avancierte als Multifunktionär der SED und als inoffizieller Kombattant der Staatssicherheit, Loest ging 1981 in den Westen, Kant blieb im Osten als Präsident aller Schriftsteller. So wie sie lebten, wurden ihre Bücher. Nehmen wir Kants »Die Aula« und Loests »Es geht seinen Gang oder Mühen in unserer Ebene«: Beides Bücher aus der DDR über die DDR, doch welch gravierende Unterschiede in der Wahrnehmung und dem Wahrheitsgehalt! Und nach dem Ende der DDR, natürlich!, sahen beide Schriftsteller deren Ende und die Konsequenzen, die daraus folgen sollten, auch ein wenig konträr. Unterschiede, die waren, die bleiben. Und die sind, ich wiederhole es, nicht aus der Welt zu schaffen: weder durch Leugnen noch durch Wegschauen, nicht durch Schwamm-drüber-Leutseligkeit oder Schlussstrich-Dekrete.

Der konsequenteste Ausdruck dieser modernen Weltanschauungsdiktatur war ihr überlebensnotwendiger Sicherheitsapparat: Wer also wissen möchte, was die DDR 40 Jahre im Innersten zusammenhielt, sollte in die hinterlassenen Unterlagen schauen. Und die Politik sollte dafür sorgen, dass dies, rechtsstaatlich geregelt, möglich ist. Und, vor allem, bleibt!

Einem Historiker muss nun wirklich niemand sagen, dass Quellenkritik zur fachlichen Grundausstattung gehört, und einem vernunftbegabten Wesen nicht, dass ein Menschenleben keinesfalls auf Aktennotate welcher Art auch immer zu reduzieren ist.

Wenn sich der Bundeskanzler nobel und landesväterlich schützend vor die Biografien der Ostdeutschen in toto stellt, so sollte er bedenken, dass darin auch ein Tort enthalten ist, nämlich für all jene, die keine zweite konspirative Existenz unter Erich

Mielkes Ägide geführt und also nichts zu verbergen, zu erklären und zu rechtfertigen haben. Und das ist die beeindruckende Mehrheit. Nur etwa ein Prozent der ehemaligen DDR-Bürger hat einen derart garstigen Schlagschatten auf seiner Biografie: kein großes Wählerreservoir, zumal die alten Kämpfer aus ebenso alter Verbundenheit ohnehin PDS wählen.
Übrigens gab es auch mehr als 20.000 Bundesbürger mit konspirativen und kontenfüllenden Kontakten zu Mielkes Mannen, weshalb es irreführend ist, das Problem zu einem Ost-West-Konflikt zu stilisieren. Gleichheit für alle, sehr einverstanden! Und keiner sollte dabei gleicher sein: Der vormalige Bundeskanzler hat mit seinem beträchtlichen Kampfgewicht bereits verheerende Flurschäden auf dem Feld der Aufarbeitung angerichtet und damit seinen Einheitskanzler-Bonus bedeutend minimiert. Der gegenwärtige Kanzler kann ihm auf diesem Wege folgen.
Oder auch nicht.
Die Ostdeutschen jedenfalls, die für eine weitere Aufarbeitung ihrer eigenen Geschichte stehen, werden bis zur Wahl im Herbst ein waches Auge darauf haben, halten zu Gnaden!

Edda Ahrberg

Was ist ost-deutsch?

Bundeskanzler Gerhard Schröder hat mich überrascht. Er weiß sehr genau, was und wer ost-deutsch ist. Ich dagegen brauche etwas Nachhilfe: Meint er diejenigen, die diesseits der Linie des Eisernen Vorhangs geboren wurden und immer hier blieben? Oder die, die zwar hier geboren, später aber weggegangen (gezwungen, genötigt, freiwillig ...) und wieder zurückgekommen sind? Oder die, die nie zurückgekommen sind? Oder meint der Kanzler diejenigen, die jenseits geboren und aus Liebe oder anderen wichtigen Gründen hierher zogen? Dann interessiert mich noch die zeitliche Einordnung: Welches Jahrzehnt, welches Jahrhundert? Die letzten 100 Jahre waren lang!

Der Kanzler hat mich noch mehr überrascht! Nach einigem Hin- und Herdenken bin ich mir in einem sehr sicher: Mit der »enormen Lebensleistung in den letzten zehn Jahren« kann er nur diejenigen Menschen meinen, die sich in den deutschen Diktaturen für mehr Demokratie und Menschlichkeit eingesetzt haben und deshalb verfolgt wurden. Mit großer Geduld haben sie zur Kenntnis nehmen müssen, dass ihr Schicksal heute weitgehend nicht wahrgenommen und ihren Forderungen nach Entschädigung nur zäh nachgekommen wird.

Die in besonderer Weise DDR-Geschädigten, dazu gehört in Magdeburg Frau K., die von 1947 bis 1962 inhaftiert war und heute mit dünner Haut von Mindestrente lebt, ertragen mit unglaublichem Kraftaufwand zusätzlich die Folgen der DDR-Misswirtschaft in Form von Arbeitslosigkeit oder Kulturlosigkeit und die parallel dazu sehr gut verlaufene Integration ihrer ehemaligen Peiniger, der Verantwortlichen für politisches Unrecht in der DDR. Sicher bezieht Kanzler Schröder auch diejenigen ein, die mit sehr viel ehrenamtlichem Engagement die Aufklärung über das Vergangene betreiben. Ich freue mich sehr, dass er diesen Menschen endlich die angemessene Würdigung zukommen lassen will!

Der Kanzler hat mich ein drittes Mal überrascht: mit der Feststellung, dass Vertrauensmissbrauch in Zusammenhang mit der SED und dem MfS nicht nur durch Ost-Deutsche (s.o.) betrieben wurde. Ich begrüße es sehr, dass er endlich die Möglichkeit der Überprüfung von Beschäftigten des öffentlichen Dienstes etc. auch in den Ländern auf dem Gebiet der alten Bundesrepublik auf eine Zusammenarbeit mit dem Ministerium für Staatssicherheit wahrnehmen will. Da hier sicher noch einige Erfahrung fehlt, biete ich auf diesem Weg zunächst meine Unterstützung und Beratung an. Ich gehe jedoch davon aus, dass künftig entsprechende Kontaktbehörden im Westen geschaffen werden, natürlich auch als Beratungsstelle für Verfolgte des SED-Regimes.

Es sind nie alle an allem schuld, aber viele an etlichem. Diese Verantwortlichkeiten sollten nicht verwischt, Verflechtungen durchschaubar gemacht und Schuldige beim Namen genannt werden (auch, um Unschuldige zu schonen). Andernfalls entstehen Legenden. Zum Glück gibt es genügend gerettete Akten-

bestände, nicht nur aus dem Ministerium für Staatssicherheit, sondern auch von der SED und von DDR-Behörden.
Geschehenes ist immer im Raum. Es ist nur eine Frage der Zeit, wann es beschließt, ans Tageslicht zu kommen und öffentlich Fragen zu provozieren. Erinnerungen lassen sich nicht unter dem Teppich halten.
Meine Erfahrung ist es, dass die von uns im Land Sachsen-Anhalt herausgegebenen Broschüren zur Aufarbeitung des Geschehenen beitragen und Verständnis fördern. Für die Tatsache, dass sehr viele Menschen an der authentisch geschilderten Geschichte ihres Landes interessiert sind, zwei Zitate aus Briefen des vergangenen Jahres: »Bitte senden Sie mir das Buch ›Dokumentation über Paul Wagner‹ (›Rebellion gegen die Enge‹, E. A.). Als ›Westmensch‹ bin ich an allem, was die DDR betrifft, interessiert – nicht im Sinne einer primitiven Aufrechnerei, sondern im Sinne eines Verstehens unseres Landes. Ich mag die Ostlande – so möchte ich auch die Ostseele verstehen in den vielen Facetten, die nun einmal existieren.« Und: »Hiermit bitte ich um die beiden o. g. Hefte, die mich sehr interessieren, da ich bis vor zwei Jahren im Bitterfelder Raum wohnte. Meine Kinder zogen wegen Arbeit nach Hannover, so bin auch ich übergesiedelt. Mit den Büchern kann ich meine Enkel informieren, wie es einst in der Heimat ihrer Eltern zuging, denn die Geschichtsbücher in den Schulen tragen dazu nicht viel bei.«

Michael Beleites

Kann es nur schlimmer werden?

Irgendwie ist es symptomatisch: Das Urteil des Bundesverwaltungsgerichts berührt die Frage des Aktenzugangs für Forschung und Medien, aber Gerhard Schröder wie Wolfgang Thierse antworten mit Äußerungen zur Überprüfung auf eine frühere Stasi-Mitarbeit. Das Unbehagen über die scheinbar unverändert obligatorischen IM-Reihenuntersuchungen der Ost-

deutschen überlagert die durch Helmut Kohls Klage ausgelöste Akten-Diskussion von Anfang an. Vielleicht liegt hier auch ein Schlüssel zur Lösung des Problems? Der Kanzler fordert ein »grundsätzliches Umdenken«. Warum eigentlich nicht? Zunächst müsste man jedoch überlegen, in welche Richtung »umgedacht« soll. Schließlich spielt – ganz im Gegensatz zur öffentlichen Wahrnehmung – die Überprüfung in der Praxis längst nicht mehr eine so zentrale Rolle, vor allem kommt es nur noch höchst selten zu Kündigungen, wenn eine Stasi-Tätigkeit nachgewiesen wird. Andererseits hat das Überprüfungsverfahren seit 1990 zu einer so gewaltigen Verzerrung des Blicks auf die Vergangenheit geführt, dass es heute durchaus Ansatzpunkte für ein sinnvolles Umdenken gäbe. Die Stimmung dafür ist allerdings nicht gerade günstig. Es scheint gegenwärtig so, als ob schon eine vorbehaltlose Analyse die gängigen Denkmuster sprengen könnte.
An der Debatte ist nämlich eines merkwürdig: Bei allem Streit wollen doch die meisten, dass es so bleibt wie es war. Nur dass sich die einen dabei auf die bisherige Herausgabepraxis der Gauck-Behörde beziehen und die anderen auf den Wortlaut des Gesetzes, selbst wenn er nun sogar die Funktionäre vor einer Aktenherausgabe schützt. Es gibt weit und breit nur Plädoyers für den Status quo. Jeder für seinen. Und genau das ist nicht die Tradition der 1989er Revolution, in der »Umdenken« ein durchweg positiv besetzter Begriff war. Wo sind sie geblieben, die unkonventionelle Gestaltungskraft der Bürgerrechtler, die reiche Phantasie für neue Visionen, die Skepsis gegenüber jedem Beharrungsdenken? Sobald heute jemand, wie beispielsweise der frühere Gauck-Behörden-Direktor Hansjörg Geiger, sagt, bei einer Novellierung des Stasi-Unterlagen-Gesetzes könne es nicht nur um Kleinkorrekturen gehen, wird ihm Böses unterstellt. Allgemeiner Tenor: »Es kann nur schlimmer werden.« Wenn dann noch jemand – wie es Gerhard Schröder getan hat – laut über Sinn und Unsinn der Überprüfungspraxis nachdenkt, wird er sofort der »Schlussstrichmentalität« verdächtigt. Wer die Herausgabe von Abhör- oder Vernehmungsprotokollen der Stasi von der Einwilligung der Betroffenen abhängig machen will, begehe »Verrat an der friedlichen Revolution«. Und »das Ende der Aufarbeitung« würde kommen, wenn Historiker, die den politischen Widerstand in der DDR erforschen,

zunächst einmal mit den damaligen Akteuren sprechen müssten, bevor sie deren Akten interpretieren. Es ist schwierig, über die mit Symbolen verstellte Erinnerungslandschaft zu sprechen im Jahre 12 nach dem Untergang der DDR.

Aber bleiben wir beim Thema Überprüfung. Warum wollten wir denn 1990 die Überprüfung aller öffentlichen Amts- und Funktionsträger auf eine eventuelle Stasi-Verbindung? Nicht weil wir dachten, dass die Stasi-Agenten die einzigen waren, die für das System der politischen Repression verantwortlich waren. Wir wollten die neuen Beamten überprüfen, weil die Stasi-Mitarbeiter die unbekannten Unterstützer der Diktatur waren. Dass man die anderen – bekannten – Systemträger der DDR nicht übergangslos zu Repräsentanten der Demokratie machen würde, schien selbstverständlich.

Doch im Schatten der Debatten um die IM-Enthüllungen konnten frühere SED-Parteisekretäre, stalinistische Schuldirektoren, militante Kampfgruppenkommandeure, dunkelrote Bonzen aus den Räten der Bezirke und betonköpfige Volkspolizei-Chefs schnell Karriere machen. Auch hier ist die Stasi wieder »Schild der Partei«! Die früheren SED-Nomenklaturkader hatten jetzt einen entscheidenden Vorteil: In der DDR waren sie – oft per Arbeitsvertrag – zur offiziellen Zusammenarbeit mit der Stasi verpflichtet. Eine Registrierung als »Inoffizieller Mitarbeiter« der Stasi kam für all diejenigen nicht in Betracht, die offiziell mit dem MfS zusammenarbeiteten. Den Befund »Gauck-negativ« konnten sie nun ummünzen in »politisch unbelastet«. Mit jedem Jahr trat deren offizielle Nähe zum Stasi-System mehr in den Hintergrund – und heute sind die offiziellen Verstrickungen nahezu ebenso wenig bekannt wie die inoffiziellen. Wer als DDR-Funktionär mit der Stasi im Rahmen des »politisch-operativen Zusammenwirkens« kooperierte, also Aufträge der Stasi zur Überwachung und Unterdrückung von politisch Verfolgten ausführte, ohne selbst Mitarbeiter des MfS zu sein, bekommt von der Gauck-Behörde einen »Persilschein«.

Neben der offenkundigen Ungerechtigkeit bei Personalentscheidungen hat die einseitige Fokussierung auf die Stasi aber noch eine weitere und weit bedenklichere Folge: Wir können der nächsten Generation nicht mehr vermitteln, was das Wesen der SED-Diktatur war und wie sie im Alltag wirkte. Heutige Abiturienten wissen wohl, dass es in der DDR Mauerschützen

und Maueropfer, Stasi-Offiziere und politische Häftlinge, Spitzel und Bespitzelte gab. Aber wie die Mitläufergesellschaft der übergroßen Mehrheit funktionierte, wie die Menschen von der Schule an zur Anpassung genötigt, wie Doppelzüngigkeit und Selbstzensur zum Alltag gehörten – und warum über 95 Prozent die Kandidaten der Nationalen Front wählten und ihre Kinder mit der »Jugendweihe« auf den Sozialismus einschwören ließen, das kann sich die heutige Jugend nicht im Entferntesten vorstellen.
Die Geschichte der Diktatur ist nicht allein mit Mauer und Stacheldraht, Speziallagern und Sondergefängnissen, Bespitzelung und Verrat zu beschreiben. Das sind die Bedingungen des totalitären Systems gewesen. Die Folgen von 40 Jahren Staatssozialismus waren – und sind – indes weit umfassender: Dazu gehören der wirtschaftliche Niedergang, die ökologische Verwüstung, der Städteverfall (»Ruinen schaffen ohne Waffen«) und die kulturelle Armseligkeit der geschlossenen Gesellschaft ebenso wie die allgemeine Verunsicherung, Verkümmerung der Gesprächskultur und Intoleranz als Folgen einer allumfassenden Nötigung zur Verstrickung mit dem System. Und genau das ist das Besondere der posttotalitären Gesellschaft, in der wir leben: Die Mehrheit der Erwachsenen ist, wenn auch in sehr unterschiedlichem Maße, aber doch irgendwie befangen. Und solange diese Befangenheit unreflektiert bleibt, wird es den Betreffenden schwer fallen, im Nachhinein die Werte der demokratischen Zivilgesellschaft offen zu vertreten, geschweige denn, den Widerstand in der DDR zu würdigen und die politische Verfolgung zu verurteilen.
Es fehlt auch an einem ehrlichen Dialog zwischen den Generationen, der die alten Befangenheiten, etwa der Lehrer, überwinden könnte. Manche ziehen heute Parallelen zur Aufarbeitung der NS-Diktatur in der posttotalitären Gesellschaft Westdeutschlands. Sie meinen, wir hätten heute eine Situation, die mit der der Bundesrepublik des Jahres 1957 vergleichbar ist. Die »Situation 68«, der offene Bruch zwischen der Mitläufergeneration und ihren Kindern und Enkeln, wäre demnach in das Jahr 23 nach dem Ende der Diktatur zu datieren, also 2013. Ob es dann zu ähnlichen politischen Verwerfungen und Gewaltaffinitäten kommt, wird nicht zuletzt davon abhängen, wie es gelingt, in die Schulen eine ehrliche Aufarbeitung der

DDR-Zeit hineinzutragen. Eine Aufarbeitung, die sich nicht allein auf Stasi-Gefängnisse und Mauer-Tote bezieht, sondern auch auf eine tabufreie Analyse der totalitären Gesellschaft – aus der wir kommen.
Ob uns diese Analyse gelingt mit einer Fragebogen-Politik, die nur nach Stasi fragt, dann aber den öffentlichen Dienst in ganzer Breite, mit jedem Hausmeister und jeder Köchin durch die MfS-Karteien zieht – und dabei in der Gauck-Behörde die Wartezeiten für Akteneinsicht und Forschungsprojekte verlängert? Wohl nicht. Aber eine gleichwertige Überprüfung auf die Systemnähe – im Hinblick auf ehemalige DDR-Funktionäre und SED-Nomenklaturkader – dürfte heute, nachdem das zwölf Jahre versäumt wurde, weder durchsetzbar noch praktikabel sein. Und man müsste nun dabei auch bedenken, dass einige der im öffentlichen Dienst beschäftigten früheren SED-Kader inzwischen tatsächlich »umgedacht« haben und sich mit den Zielen des Rechtsstaates identifizieren. Wenn jetzt ihr Tun vor 1990 höher bewertet würde als ihr Tun nach 1990, könnte das die Betreffenden politisch dorthin zurückbefördern, wo sie her kamen.
Was aber keinesfalls passieren darf, das ist die Gleichsetzung von ostdeutscher Biografie mit Funktionärslaufbahn und Stasi-Tätigkeit schlechthin, wie Gerhard Schröders Äußerungen nahe legten. Das wäre ein Schlag ins Gesicht aller, die damals, um anständig zu bleiben, ihre Karrierechancen begraben haben – und erst recht für diejenigen, die dem massiven Druck der Stasi-Anwerbeversuche widerstanden haben. Wir wissen heute, dass die überwiegende Mehrheit derer, die von der Stasi angeworben werden sollten, »Nein« gesagt und sich unter Hinnahme eines nicht zu kalkulierenden Risikos der Zusammenarbeit mit der Stasi widersetzt hat!
Aber was hat nun das Stasi-fixierte Überprüfungsritual mit den Problemen des Aktenzugangs für Forschungszwecke zu tun? Solange allein Stasifragen automatisch Existenzfragen sind, können auch in den Bereichen von Bildung und Forschung die Stasiakten sehr viel weniger normal ausgewertet werden, als zum Beispiel vergleichbare SED-Akten. In der Realität spielte die Stasi zwar eine Schlüsselrolle im DDR-System. Aber letztlich war sie ein Herrschaftsinstrument der SED, wie Volkspolizei, NVA und andere auch. Wenn man in der Überprüfungsfrage

berücksichtigt, dass die Stasi in derselben DDR und mit vergleichbaren Zielen agierte wie SED, Ministerium des Innern (MdI) und Volkspolizei, dann wird man für die Herausgabe von Stasiakten zu Forschungszwecken einen Weg gehen können, wie er bei SED- und MdI-Akten üblich ist. Es gibt keinen Grund, DDR-Funktionäre und SED-Nomenklaturkader in ihrer Tätigkeit für das totalitäre System, nur weil sie keine Stasi-Mitarbeiter waren, als »Dritte« einzustufen und damit die Herausgabe ihrer Unterlagen für Forschung und Medien einwilligungspflichtig zu machen.
Die Lösung dürfte mittelfristig in einer Annäherung an das Archivrecht liegen, das für die DDR-Bestände bereits erfolgreich modifiziert wurde. Im Bundesarchivgesetz ist die auf die Entstehung der Unterlagen bezogene Sperrfrist aufgehoben, und die personenbezogenen Schutzfristen können auf Antrag verkürzt werden, wenn der Nutzer dafür plausible Gründe vorbringt.
Bei allen verfassungsrechtlichen Abwägungen sollte doch zunächst der Artikel 1 des Grundgesetzes unser Handeln bestimmen: »Die Würde des Menschen ist unantastbar.« Und das gilt insbesondere für diejenigen, deren Würde von der Stasi gebrochen, deren Leben systematisch beschädigt und manipuliert wurde. Das Recht auf die Lektüre der eigenen Akte war der wichtigste Schritt zu einer – wenigstens teilweisen – Wiederherstellung der Würde der politisch Verfolgten der DDR. Die individuelle Aktenöffnung ist meines Erachtens der Kern des Stasi-Unterlagen-Gesetzes. Diese muss nicht nur möglich bleiben, solange die Opfer leben, sie sollte verbessert werden, vor allem müssen die jahrelangen Wartezeiten radikal verkürzt werden. Vielleicht auch durch eine Konzentration auf das Wesentliche?

Hubertus Knabe

Vom Nutzen der Erinnerung

Wie schön wäre es, wenn wir einfach alles vergessen könnten: Die Toten, die an der Grenze verendet sind, die Gefängnisse, in denen die Menschen verzweifelt sind, die Angst, in der Schule oder anderswo das Falsche zu sagen. Die DDR gibt es nicht mehr – warum sollen wir weiter in ihren Eingeweiden wühlen? Weil niemand gerne seine schlechten Erinnerungen pflegt, hat ein Sog der Verdrängung das Land erfasst. Auf das Aufbegehren und die Empörung über das System der SED folgten Gewöhnung und Gleichgültigkeit und schließlich ein weit verbreiteter Unwille, sich überhaupt noch mit der Vergangenheit zu befassen. Die Spitzen des Staates passen sich der neuen Stimmung an und forcieren sie, indem sie offen für ein Ende der Aufarbeitung plädieren.

Die Sehnsucht zu vergessen, ist verständlich – und bleibt dennoch falsch. Es liegt im ureigenen Interesse unserer Gesellschaft, wenn politische Fehlentwicklungen nicht unter den Teppich gekehrt, sondern kritisch analysiert werden. Nur so kann man aus ihnen lernen. Und wenn man sie wirklich verstehen will, muss man konkret werden, das heißt über einzelne Menschen und ihr Verhalten urteilen.

Die Aufarbeitung der Vergangenheit war zunächst vor allem notwendig, um personelle und politische Kontinuitäten abzuschneiden. Wichtige öffentliche Ämter sollten nicht durch Personen besetzt sein, die der Demokratie ablehnend gegenüberstehen und persönlich für das Funktionieren der Diktatur verantwortlich waren. Hätten wir 1990 den von manchem verlangten Schlussstrich gezogen, hätten wir jetzt möglicherweise einen Inoffiziellen Mitarbeiter als Bundeskanzler und einen Stasi-General als Innenminister.

Die Auseinandersetzung mit der Vergangenheit liefert uns zugleich moralische Maßstäbe für die Gegenwart: Wenn die

Mittäterschaft in einer Diktatur durch Vergessen sanktioniert wird, haben wir schlechte Aussichten, zukünftige Gefährdungen besser zu überstehen. Wenn politisch-moralische Standfestigkeit nicht gewürdigt werden, bleibt am Ende nur die Schlussfolgerung, dass rückgratlose Anpassung in jeder Situation das Beste ist. Deshalb ist es unverzichtbar, dass nach dem Ende einer Diktatur die Täter geächtet und die Opfer geehrt werden.

So wie der Widerstand gegen den Nationalsozialismus ein politisch-moralisches Fundament der Nachkriegsdemokratie wurde, so brauchen wir für das vereinigte Deutschland das Andenken an diejenigen, die der SED-Diktatur getrotzt haben. Es ist das beste Mittel, antidemokratischen und nostalgischen Tendenzen vorzubeugen. Wenn das Leiden der Verfolgten überhaupt irgendeinen Sinn haben kann, dann liegt er hier.

Während es gelungen ist, den Widerstand gegen die nationalsozialistische Diktatur nicht nur breit zu dokumentieren, sondern ihn auch moralisch zu würdigen und politisch zum Vorbild zu erheben, sind wir davon im Zusammenhang mit der SED-Diktatur noch weit entfernt. Die rund 250.000 Menschen, die aus politischen Gründen in Haft gerieten, und die noch viel höhere Zahl derer, die kein Abitur machen, nicht studieren durften oder sonst wie drangsaliert wurden, erscheinen, wenn sie denn überhaupt in den Blick geraten, eher als bedauernswerte Geschöpfe denn als Vorbild dafür, wie man sich als Mensch in einer Diktatur nach Möglichkeit verhalten sollte.

Dazu tragen nicht zuletzt die Äußerungen vieler ahnungsloser Westdeutscher bei, die meinen, sie seien besonders einfühlsam, wenn sie Verständnis für Anpassung und Opportunismus demonstrieren. Der millionenfach gedruckte Satz von Bundeskanzler Gerhard Schröder über seine für das Ministerium für Staatssicherheit tätig gewesene Cousine, »Wer ohne Schuld ist, der werfe als Erster den Stein«, wirkt auf die Opfer wie eine nachträgliche Rüge, dass sie sich nicht zu einer Zusammenarbeit mit dem Staatssicherheitsdienst bereit fanden und dafür meist massive Nachteile hinnahmen.

Gerade im Westen Deutschlands stößt man immer wieder auf die Einstellung, man könne bei der Diskussion über die SED-Herrschaft nicht mitreden, weil man das Glück gehabt habe, in einer Demokratie aufzuwachsen. Nach der »Gnade der späten

Geburt« wird eine Art »Gnade der westdeutschen Geburt« postuliert, die zu Zurückhaltung und Verständnis für die Zwänge einer Diktatur verpflichte.
Diese oftmals demonstrierte Haltung von Unbeteiligten, die mit einer Mischung aus Horror, Verständnis und Gleichgültigkeit auf die zweite deutsche Diktatur blicken, ist jedoch weder hilfreich noch angemessen. Sie ignoriert, dass die DDR-Geschichte spätestens seit dem 3. Oktober 1990 eine gemeinsame deutsche Geschichte ist, für die nun alle Deutschen in Haft genommen werden und deren Konsequenzen sie mit zu tragen haben. So, wie sich die unter Sechzigjährigen mit den Folgen des Nationalsozialismus auseinander zu setzen haben, obwohl sie biografisch nicht das Geringste damit zu tun haben, so tragen auch die Westdeutschen und die Nachgeborenen an der Geschichte des Kommunismus mit.
Wenn man genauer hinschaut, wird zudem deutlich, dass die Westdeutschen nicht so unbeteiligt waren, wie sie meinen. Auch in der alten Bundesrepublik waren etwa 20.000 bis 30.000 Bundesbürger als Inoffizielle Mitarbeiter des Staatssicherheitsdienstes in Parteien, Wirtschaft, Wissenschaft, Militär und in den Medien tätig. Darüber hinaus gab es vielfältige Formen der politischen Stabilisierung der SED-Diktatur, bis hin zur offenen Liebedienerei gegenüber dem SED-Staat. Nur ganz wenige haben die schwache DDR-Opposition unterstützt oder sich aktiv für den Schutz der Verfolgten eingesetzt. Wenn man heute in den einst streng geheimen Protokollen der vertraulichen deutsch-deutschen Zusammenkünfte liest, fragt man sich nicht nur einmal, ob die dort zur Schau getragene Kooperationsbereitschaft nicht moralisch ähnlich fragwürdig ist wie die Anpassung von Menschen in einer Diktatur, der sie nicht entweichen können.
Schließlich gab es im Westen auch deutliche Zeichen einer ideologischen Affinität zum Kommunismus, der von der Studentenbewegung der späten sechziger Jahre bis zum so genannten Dialogpapier von SED und SPD in den späten achtziger Jahren reichte. Ist es weniger verwerflich, auf dem West-Berliner Kurfürstendamm im Angesicht der Mauer für die Anerkennung der SED-Herrschaft oder die menschenverachtende Kulturrevolution in China zu demonstrieren, als in der DDR durch Anpassung Karriere machen zu wollen? Eine kritische Aufarbeitung

von Verantwortung, Schuld und Verfehlungen im Zusammenhang mit dem zweiten totalitären Gesellschaftsentwurf des 20. Jahrhunderts würde auch dem Westen Deutschlands und den dort sozialisierten politischen Eliten gut anstehen.
Eine der zentralen Voraussetzungen für eine kritische Reflexion der Geschichte – das zeigt nicht zuletzt die Diskussion über den Nationalsozialismus – ist der Zugang zu den historischen Quellen. Dass die Opfer rehabilitiert und die Täter sanktioniert wurden, war nur durch die Öffnung der geheimen DDR-Archive möglich. Schwarz auf weiß konnte man nun nachlesen, wie das Herrschaftssystem der SED tatsächlich funktionierte. Die Kader der SED verloren ihr Wissens- und Deutungsmonopol, ihre Verharmlosungsversuche konnten durch Fakten und Dokumente widerlegt werden.
Aufgrund der konspirativen Arbeitsweise, der Vernichtung wichtiger Quellenbestände und dem eingeschränkten Zugang zu den restlichen Unterlagen ist diese Aufklärungsarbeit mit zahlreichen Schwierigkeiten behaftet. Oft ist sie überhaupt nicht in befriedigender Weise zu leisten. Viele Arbeitsbereiche des Staatssicherheitsdienstes und insbesondere sein skrupelloses Vorgehen gegen Andersdenkende sind auch heute noch nur in Umrissen zu erahnen, was sich nicht zuletzt in der großen Zahl wieder eingestellter Ermittlungsverfahren gegen ehemalige MfS-Mitarbeiter ausgedrückt hat.
Demgegenüber stehen die zunehmenden Versuche früherer Verantwortungsträger, ihre Tätigkeit beim MfS zu beschönigen und – ähnlich wie rechtsradikale Kreise im Zusammenhang mit der NS-Diktatur – einem neuen Geschichtsrevisionismus zum Durchbruch zu verhelfen. Beispiel dafür ist das im April 2002 erschienene zweibändige Werk ehemaliger MfS-Generäle, in dem der Staatssicherheitsdienst als »Rechtspflegeorgan« bezeichnet wird, dem es darauf angekommen wäre, die »Würde von Betroffenen in Strafverfahren uneingeschränkt zu wahren« und »Gestrauchelten möglichst zu helfen, den Weg in die Gesellschaft zurückzufinden«.
Dieser nicht nur für die Opfer schwer erträglichen Geschichtsklitterung kann nur durch intensive historische Forschung entgegengewirkt werden. Dafür sind die Unterlagen des MfS unverzichtbar. Dass der Zugang zu den Unterlagen des Ministeriums für Staatssicherheit vom Bundesverwaltungsgericht

auf die Täterakten beschränkt wurde, hat jedoch das wichtigste Archiv zur DDR-Geschichte fast unbrauchbar gemacht.
Anders als es das Gericht erklärt hat, ist eine seriöse wissenschaftliche Aufarbeitung ohne Unterlagen über Politiker, Amtsträger oder Opfer der SED-Herrschaft nicht möglich. Als »Schild und Schwert« der SED hat das MfS nicht im luftleerem Raum agiert, sondern konkrete Menschen überwacht und verfolgt und dabei eng mit Partei- und Staatsfunktionären zusammengearbeitet – dies ist nach dem Richterspruch nun nicht mehr nachzuzeichnen. Zugänglich bleiben allein die Namen hauptamtlicher und inoffizieller Stasi-Mitarbeiter. Das ist, als würde man ein Buch über die DDR schreiben, in dem ausschließlich Polizisten Erwähnung finden dürfen.
Dass die Rolle der hauptamtlichen Funktionäre und Mitarbeiter in den staatstragenden Institutionen zu wenig erörtert wurde, gehört zu den zentralen Versäumnissen nach dem Untergang des SED-Staates. Die kleinen Informanten haben die Presse oft monatelang beschäftigt, ihre Auftraggeber hingegen nicht. Diese Tendenz hat das Bundesverwaltungsgericht jetzt höchstrichterlich festgeschrieben. Selbst das Agieren von SED-Funktionären wie der berüchtigten Justizministerin Hilde Benjamin oder der kaum weniger verhassten Volksbildungsministerin Margot Honecker kann nicht mehr anhand von Stasiakten rekonstruiert werden. Da sie nicht Mitarbeiter oder Begünstigte des Staatssicherheitsdienstes waren, genießen sie nach dem Richterspruch das im Grundgesetz verankerte Recht auf informationelle Selbstbestimmung. Der postulierte Opferschutz wirkt sich als Täterschutz aus.
In der Praxis führt das Urteil zu teilweise bizarren Verzerrungen: Über die Schriftstellerin Christa Wolf ist beispielsweise nur noch ihre schmale Akte als Inoffizielle Mitarbeiterin zugänglich, der umfangreiche Opfervorgang bleibt dagegen gesperrt. Dasselbe gilt für die zahllosen Bände über Herbert Wehner, die belegen, dass er nicht Täter, sondern Opfer der Staatssicherheit war – entgegen der vom einstigen Spionagechef Markus Wolf in die Welt gesetzten Legende. Verschlossen sind nach dem Urteil aber auch alle anderen Dokumente über westdeutsche Politiker, von Konrad Adenauer bis Willy Brandt, einschließlich der Belege, was die Stasi über sie wusste und wie sie sie bekämpfte. Dass Heinrich Lübke oder Eugen Gerstenmaier jahre-

lang Opfer von konspirativ organisierten Rufmordkampagnen des Staatssicherheitsdienstes waren, wäre niemals ans Tageslicht gekommen, wenn ihre Unterlagen, wie nun von Altkanzler Helmut Kohl gerichtlich erzwungen, verschlossen geblieben wären. Tabu sind in Zukunft aber auch die Akten über alle anderen prominenten Zeitgenossen der Nachkriegsgeschichte, vom protestantischen Kirchenführer Otto Dibelius bis zum Schriftsteller Bert Brecht – selbst wenn die Betroffenen bereits seit fast einem halben Jahrhundert verstorben sind.

Für die Aufarbeitung der politischen Verfolgung in der ehemaligen DDR hat das Urteil besonders schwerwiegende Folgen. So liegen bei der Bundesbeauftragten für die Stasiunterlagen seit Monaten zahlreiche Forschungsanträge der Gedenkstätte Berlin-Hohenschönhausen im ehemaligen Untersuchungsgefängnis des DDR-Staatssicherheitsdienstes vor. Darin wird um Einsicht in die Akten prominenter Opfer wie des ehemaligen DDR-Außenministers Georg Dertinger (CDU) oder des einstigen Leiters des Aufbau-Verlags, Walter Janka, gebeten, die in dem berüchtigten unterirdischen Kellergefängnis in Berlin, dem sogenannten »U-Boot« inhaftiert waren. Vor dem Urteil waren diese Unterlagen für Forscher zugänglich, weil Dertinger und Janka als Personen der Zeitgeschichte betrachtet wurden – jetzt sind sie gesperrt.

Geradezu grotesk sind die Konsequenzen, wenn es darum geht, das Zusammenspiel zwischen Staatssicherheitsdienst, Staatsanwaltschaft und Gerichten aufzuklären. Da die Namen der »Amtsträger« des SED-Staates nach dem Urteil geschwärzt werden müssen, ist es kaum mehr möglich nachzuweisen, wie die Justiz die Vorgaben des Staatssicherheitsdienstes umsetzte und ihnen den Schein des Rechtes gab. Auch Abstimmungsprozesse mit dem Zentralkomitee oder dem Politbüro der SED – etwa wenn Ulbricht handschriftlich die Todesstrafe anordnete – sind nicht mehr nachzuvollziehen, da es sich bei den Beteiligten in der Regel nicht um MfS-Mitarbeiter handelte.

Um die Vergangenheit aufarbeiten zu können, müssten die Zugänge zu den Stasiakten nicht zugemauert, sondern erweitert werden. So kann die Geschichte der politischen Verfolgung in der DDR naturgemäß nicht ohne die Unterlagen der Opfer geschrieben werden – auch wenn sie weniger bekannt sind und nicht zu den früher zugänglichen Personen der Zeitgeschichte gehörten. Wie soll man das Schicksal der zahllosen unbekannten Häftlinge aufklären, wenn ihre Unterlagen unter Berufung auf den »Opferschutz« verschlossen bleiben? Während bei den Haftorten der NS-Diktatur die Zu- und Abgangslisten mit den Namen inhaftierter Häftlinge für Wissenschaftler zugänglich sind, werden sie bei den Haftorten der SED-Diktatur geschwärzt. Hier müssen Regelungen getroffen werden, die eine Gleichstellung mit den Forschungsmöglichkeiten über den Nationalsozialismus garantieren – damit auch die zweite deutsche Diktatur angemessen dargestellt und reflektiert werden kann.

Stefan Wolle

Der Graue Eine Erzählung

Ein eiskalter, feiner Nieselregen hüllte das Viertel nördlich des Berliner S-Bahn-Ringes in einen schmutzigen grauen Schleier. Die Feuchtigkeit troff an jenem Spätnachmittag vom niedrig hängenden Himmel. Sie rann an den rostzerfressenen Regenrinnen vorbei die Wände hinunter, wurde von dem porösen Mauerwerk der alten Häuser wie von einem Schwamm aufgesogen und als schmutzige Brühe wieder ausgeschieden. Die Fassaden der Mietskasernen trugen hier immer noch den einheitlich grauen Anstrich, mit dem man sie während der Bombenangriffe im Zweiten Weltkrieg versehen hatte, um den feindlichen Fliegern die Orientierung zu erschweren. In den Untergeschossen hatte sich eine undurchdringliche Staubschicht auf die Fenster gelegt, teilweise waren die Rollos heruntergelassen. Verrostete und von Geschossen durchlöcherte Emailleschilder neben den Hauseingängen warben für Firmen, die schon vor Jahrzehnten durch Konkurs oder Enteignung von der Bildfläche verschwunden sind. An einigen Stellen traten übermalte Inschriften wieder hervor. Vergessene Parolen längst geschlagener Wahlschlachten, weiße, nach unten weisende Pfeile mit dem Hinweis LSR. Die Abkürzung stand für Luftschutzraum und sollte den Suchmannschaften das Auffinden Verschütteter erleichtern. Wie auf einem alten Pergament, das wieder und wieder abgekratzt wurde, erscheinen im Stadium des Verfalls auf den Mauern der Stadt die alten Schichten neu, ein Gewirr von kryptischen, geheimnisvollen Zeichen. An die DDR erinnern hier nur noch die Halterungsvorrichtungen für Fahnen an den Fensterkreuzen und über den Schaufenstern der Geschäfte. Unendlich fern scheint jene Zeit zu sein, in der ein Vertreter der Hausgemeinschaftsleitung am Vorabend hoher Feiertage und Staatsbesuche die Runde machte, um die Beflaggung zu kontrollieren.

Die Marktwirtschaft hatte die Tristesse mit einigen grellbunten Werbeschildern verschönt, wodurch die Trostlosigkeit der Umgebung noch erbärmlicher wirkte. Ein Laden mit dem Schild »Conny's Reich der Lüste« hatte offenbar längst wieder pleite gemacht, die Rollläden heruntergelassen und die bunten Lichterketten ausgeschaltet. Daneben die Filiale eines Reisebüros. Ein Plakat verkündete die verheißungsvolle Botschaft »Direkt ins Paradies«, im Schaufenster lagen verstaubte Rumba-Rasseln, eine Kokosnuss mit Sonnenbrille und ein breitkrempiger mexikanischer Sombrero. Doch in dieser Gegend gab es offenbar keinen ausreichenden Bedarf an Reisen ins Paradies.
Ein dubioser Telefonanruf hatte A. hergeführt. Vorangegangen war eine eher beiläufige Begegnung am Rande einer Diskussionsveranstaltung in der Professorenmensa der Humboldt-Universität. »Wie lebendig ist die Vergangenheit – Erinnerungskultur nach zwei deutschen Diktaturen« hatte der Veranstalter sinnigerweise den Vortrag betitelt. Vor zwei Jahrzehnten hatte A. diese Universität unter seltsam beklemmenden Umständen verlassen müssen. Es gibt Orte, zu denen sollte man nie wieder zurückkehren, dachte er, als er düstere Gänge durcheilte. In dem Saal selbst hatte sich im Laufe der Jahre wenig geändert. Er schien nicht einmal gelüftet worden zu sein. A. schüttelte Hände, tauschte ein paar Belanglosigkeiten aus. Dann stellte ihn der Moderator vor und er begann. Zwei oder drei Dutzend hämischer, neugieriger und wohlmeinender Augenpaare verschmolzen zu einem einzigen unberechenbaren Wesen. Nach fast einer Stunde kam er zum Ende und schloss: »Nichts, was jemals geschah, ist wirklich vorbei. Im Aberglauben wohl aller Kulturen gibt es die Vorstellung vom verrufenen Ort. Der Volksglaube wählt nicht nur unter den Zeiten, sondern auch unter den Orten besondere aus, an denen die übernatürlichen Kräfte im besonderem Maße sich offenbaren. Verrufene Plätze sind vor allem Friedhöfe, Gräber, Stätten eines Mordes oder Selbstmordes, Richtstätten, entvölkerte Siedlungen, Ruinen, aber auch Brücken, Seeufer, Kreuzwege, Waldlichtungen und einsame Täler. Das frühere Geschehen, vor allem das ungesühnte Verbrechen, bleibt am Ort des Geschehens lebendig ....«. Höflicher Beifall plätscherte einen kurzen Moment. Dann eröffnete der Moderator die Aussprache. Zuerst meldete sich ein älterer Herr im bunten Strickpullover und fragte giftig:

»Darf ich dem Titel Ihres Vortrages entnehmen, dass Sie die faschistische Diktatur mit der sozialistischen Staatsordnung gleichstellen wollen?« Ein anderer Herr etwa gleichen Alters im dunkelblauen Jackett nahm dem Referenten die Antwort ab. Ohne sich zu melden, rief er dazwischen: »Sie wollen doch wohl nicht bestreiten, dass die DDR eine Diktatur war?« Dann setzte er voll böser Ironie hinzu: »Sie haben im Parteilehrjahr wohl immer geschlafen? Das SED-Regime hat sich selbst als Diktatur bezeichnet – als Diktatur des Proletariats nämlich. Das können Sie in jedem Lehrbuch des Marxismus-Leninismus nachlesen.« Der Herr im Pullover bestritt nicht, dass sich der sozialistische Staat als Diktatur bezeichnet hatte, fühlte sich aber tief verletzt durch die Unterstellung, im Parteilehrjahr immer geschlafen zu haben. »Jedes Mal habe ich mich gründlich vorbereitet«, fauchte er das dunkelblaue Jackett an. Und als wollte er es beweisen, begann er die allbekannte Theorie zu entwickeln, dass jeder Staat die Diktatur der herrschenden Klasse sei. Das könne man ja besonders gut an der BRD sehen. »Früher hatten wir die Diktatur der Partei – jetzt haben wir die Diktatur des Geldes«, beendete er rhetorisch eindrucksvoll seinen Beitrag. Einige Umsitzende klatschten eifrig. Höhnisches Gelächter schallte aus der anderen Hälfte des Saales. So ging es eine gute Weile hin und her. A. war es recht, hier nicht mehr viel sagen zu müssen. Nach dem Vortrag stürzten sich wie üblich einige Zuhörer auf ihn. Sie hatten noch eine Frage oder eine Einwendung zu dem Gesagten. Ein alter Mann drückte A. die Hand und sagte: »Lassen Sie sich nicht entmutigen.« Er hatte während der Diskussion geschwiegen und insofern war es nicht ganz klar, was er meinte. Der Herr im bunten Pullover wollte für seine Enkeltochter ein Exemplar des Buches von A. haben. Sie nähmen jetzt gerade in der Schule die DDR durch. Er bat um eine Widmung und buchstabierte einen jener fremdländischen Mädchennamen, die in dem ausgehenden ostdeutschen Staatswesen als subtiler Ausdruck des unterdrückten Fernwehs in Mode gekommen waren.
Ein still und höflich wirkender Herr unbestimmten Alters wartete geduldig, bis die anderen Fragesteller von dannen gezogen waren. Dann stellte er sich korrekt, wenn auch etwas umständlich vor und überreichte seine Visitenkarte. »Ihr Vortrag war für uns außerordentlich aufschlussreich«, begann er. »Wir be-

schäftigen uns jetzt mit Geschichtsaufarbeitung und würden die Diskussion gern an anderer Stelle fortsetzen.« A. versicherte, dass ihn diese Bemühungen sehr interessierten, schrieb ihm seine Telefonnummer auf einen Zeitungsrand und drückte dem grauen Mann eilig die Hand. Diese Geste war eine unwillkürliche Reverenz an die im ostdeutschen Kulturkreis immer noch übliche ewige Händeschüttelei. Der merkwürdig leblose und gleichzeitig glatte und kalte Händedruck des Fremden prägte sich ein, während er das Gesicht schon vergessen hatte, als er zum Ausgang eilte.
Einige Tage später rief der graue Herr tatsächlich an und bestand auf der Verabredung. War es Pflichtbewusstsein, Mitleid oder Neugier? Jedenfalls hatte A. nach dem Terminkalender gegriffen, Tag und Stunde vereinbart und sich schließlich widerwillig von seinen Büchern losgerissen, um sich auf den Weg zu machen. Er fand die angegebene Hausnummer ohne Schwierigkeiten. Die ideale konspirative Wohnung, schoss es ihm durch den Kopf. Mitten in der Stadt, nur wenige Minuten Fußweg vom Bahnhof Prenzlauer Allee und abgelegen in einer nahezu menschenleeren Weltgegend. Kein Hauswart und kein neugieriger Nachbar kontrollierten hier das Kommen und Gehen. Die Wohnung war direkt von der Tordurchfahrt aus zugänglich, »zu ebener Erde«, wie man im Jargon der Berliner Hausvermieter sagt. A. fand im Halbdunkel den Namen an der Tür und klopfte, kaum noch erwartend, dass ihm tatsächlich aufgetan würde. Ein Irrtum. Auf das erste, eher zaghafte Klopfen wurde die Tür aufgerissen, als hätte der graugesichtige Mann die Minute seiner Ankunft gewusst und im Flur gewartet. Der Geruch von angebranntem Mittagessen schlug A. entgegen. Der Gastgeber bat ihn herein, nahm ihm den durchnässten Mantel ab und führte ihn in ein abgedunkeltes Zimmer, das im ostdeutschen Standard der siebziger Jahre eingerichtet war. Das Mobiliar und der abgestandene Zigarettenrauch erinnerten an Klubräume in den Kasernen der Nationalen Volksarmee oder an Aufenthaltsräume in den billigen Ferienheimen der Gewerkschaft. Tapete mit Blumenmuster, eine Couchgarnitur aus weinrotem Kunstleder, zwei Sessel aus dem gleichen Material, eine Schrankwand in dunklem, glatt poliertem Holz mit Schnapsgläsern hinter einer verschiebbaren Glasscheibe. Sonst herrschte Schmucklosigkeit. Kein Bild, keine Vase, keine

Grünpflanze. Eine Art Kronleuchter mit fünf Kristalllüstern verbreitete ein trostloses grelles Deckenlicht. Die ebenfalls geblümten Gardinen waren zugezogen. Durch einen Spalt blickte man auf die Müllecke im Hinterhof. Inzwischen war die Dämmerung hereingebrochen. Es regnete immer noch. Auf dem Hof herrschte Grabesstille. Übrigens war das Fenster vergittert, wie es in den ebenerdigen Hinterhofwohnungen in Berlin nicht unüblich ist. Der Graue meinte, er habe gerade einen Gulasch aufgesetzt und fragte A., ob er essen wolle. A. verneinte entschieden. »Nun gut«, sagte der Gastgeber sichtlich enttäuscht, nahm auf der Couch Platz, zündete sich eine Zigarette an und begann zu reden. Unaufgefordert erzählte er einen Lebenslauf voller Trostlosigkeit, der aber gerade in seiner Armseligkeit glaubhaft wirkte. Er sei als junger Mann von der Staatssicherheit angeworben worden und habe »aus ehrlichem Glauben« alles mitgemacht. Nach dem Mauerbau hätten ihn zunehmend Zweifel an der Richtigkeit der Parteilinie geplagt, außerdem sei ihm die Frau weggelaufen. Er habe getrunken, Ärger bekommen und das MfS verlassen müssen. Später habe er dann in der Kaderabteilung der Berliner Verkehrsbetriebe gearbeitet. Dann schwieg der Mann einen endlos wirkenden Moment und starrte düster vor sich hin. »Jetzt werde ich von denen erpresst«, murmelte er plötzlich mit gesenkter Stimme. Er duckte sich ab, kroch förmlich in sich zusammen, als er seine alte Firma erwähnte. A. überlief es eiskalt. Ein Verrückter, dachte er. »Ich bin durchaus nicht verrückt«, antwortete der Graue, als könnte er Gedanken lesen. »Die besuchen mich ständig und wollen mich zur Mitarbeit zwingen.« »Die Stasi lebt«, flüsterte er mit erregt gesenkter Stimme. »Sie glauben doch nicht im Ernst, ein so riesiger Apparat könne plötzlich verschwinden. Alles war für den Fall vorbereitet, für einige Jahre unterzutauchen. Ich habe selbst an Stabsübungen teilgenommen, die von der Annahme ausgingen, der Gegner hätte unsere Republik zeitweise militärisch besetzt. Die Strukturen sind intakt. Die Kommandobunker können jederzeit besetzt werden.«
Es stank inzwischen fürchterlich nach dem verbrannten Gulasch. »Das Essen ist jetzt fertig. Sie wollen wirklich nichts?«, fragte der Graue neuerlich. Wiederum verneinte A. »Ich bin jetzt literarisch tätig«, erzählte der Stasi-Mann und wechselte

plötzlich in einen unterwürfigen, fast kriecherischen Tonfall. »Ich schreibe Kurzromane. Kleinprosa. Es gibt auch schon eine Möglichkeit, die Sachen zu veröffentlichen. Wissen Sie, ich beschäftige mich mit der Aufarbeitung der Vergangenheit.« »Hochinteressant, sicher sehr lesenswert«, murmelte A. mit verzweifelter Höflichkeit und dachte flüchtig über den Begriff der Kleinprosa nach. Plötzlich wehte ein Schwall Küchengeruch in das Zimmer. Die Tür hatte sich geöffnet, und es kam ein junger Mann herein. Es war A. vollkommen schleierhaft, wie der Mann in die Wohnung gekommen war. Weder hatte er die Wohnungstür gehört, noch hatte es geklingelt oder geklopft. Der Graue war keineswegs erstaunt über die Anwesenheit des Fremden. Er grüßte ihn nicht, machte keinerlei Anstalten, sein Erscheinen zu erklären oder ihn gar vorzustellen. Der Fremde grüßte A. durch ein unmerkliches Kopfnicken, nahm sich aus der auf dem Tisch liegenden Schachtel eine Zigarette und zündete sie an. Dabei betrachtete er A. neugierig. Dann ging er wieder. Von der Küche kam neuerlich ein Welle Gestank herein. A. blickte durch den schmalen Spalt zwischen den Gardinen auf den Hof. Draußen war es inzwischen stockfinster und immer noch totenstill. Der Graue begann, langatmig die politische Strategie der angeblichen Untergrund-Stasi zu entwickeln. Dabei mischte sich die Gedankenwelt und die hölzerne Begrifflichkeit der Politschulungen vergangener Jahrzehnte auf bizarre Weise mit den gängigen Floskeln der Wende- und Nachwendezeit. Ein Teil der untergetauchten Strukturen setze auf Destabilisierung der Demokratie durch die Rechtsradikalen, ein anderer auf die organisierte Kriminalität, die dritte Richtung hoffe auf eine neue radikale Linke. »Die Demokratie hat keinen Bestand«, dozierte der Mann, als sage er einen fremden Text auf. »So wie es jetzt ist, kann es nicht lange dauern.« Dann begann er seltsam engagiert die Machenschaften seiner ehemaligen Genossen zu verurteilen. Tatsächlich verwendete er mehrfach den Begriff Machenschaft, den er aus irgendwelchen Gründen verinnerlicht hatte. Wieder senkte sich seine Stimme zu einem aufgeregten Flüsterton. Die ehemaligen Mitarbeiter, die sich an diesen Plänen nicht beteiligen wollten, würden sich regelmäßig treffen. Gemeinsam mit der Kirche hätten sie einen »Arbeitskreis Erinnerung und Dialog e.V.« gegründet. »Alles ganz solide«, fügte er hinzu, »beim

Amtsgericht angemeldet.« Dann wurde er förmlich: »Wir wollen Sie einladen, ihren hochinteressanten Vortrag über die Erinnerungskultur in Deutschland zu wiederholen.« Zum ersten Mal verwendete der Fremde den Doktortitel, seine Stimme klang respektvoll. A. beteuerte so höflich er konnte, dieser Einladung auf jeden Fall zu folgen und dachte sich heimlich: Niemals sieht dieser Halbverrückte mich wieder. Er formulierte entgegen seiner sonstigen Gewohnheit in Gedanken vollständige Sätze, als könnten diese Worte ihm seine innere Ruhe und Überlegenheit zurückgeben. Erst als es zu spät war, erinnerte sich A., dass der Graue Gedanken lesen konnte, und er schrak zusammen. Ein hasserfülltes und triumphierendes Lächeln überflog das bisher vollkommen beherrschte Gesicht des fremden Mannes. Seine Stimme, die eben noch fast devot gewesen war, klang plötzlich selbstgewiss und brutal: »Gewisse Geschichten von damals lassen Dich nicht los. Ich kann Dir da eine Menge erzählen. Ich weiß alles. Ich habe den Fall bearbeitet. Nein, ich habe ihn gemacht. Du bist meine Erfindung. Ich habe Dich an meinem Schreibtisch in der Normannenstraße erfunden. Im Grunde war ich schon immer so eine Art Dichter. Stücke für das Marionettentheater habe ich damals geschrieben.« Er lachte trocken und gekünstelt, als hätte im Text seines Drehbuchs neben den Worten »Ha, ha!« als Regieanweisung dämonisches Gelächter gestanden. »Ich war der Stückeschreiber, der Regisseur und der Impressario in einer Person. Alle habt ihr an meinen Fäden gehangen.« Wie gebannt lauschte A. dem wirren Geschwätz des verrückt gewordenen Stasi-Mannes. Der hatte sich nach vorn gebeugt und seine Stimme wieder zu einem erregten Flüstern gesenkt. Ihre Gesichter berührten sich fast. »Ihr Traumtänzer habt euch eingebildet, die Stasi aufzulösen. Wir hatten alles in der Hand. Und jetzt habe ich Dich in der Hand, weil Du es wissen musst, was damals gewesen ist. Du kommst immer wieder. Du warst damals meine Marionette und bist es heute.«
Nach diesem überraschenden, scheinbar spontanen Aufwallen der Emotionen brach der Graue für einen Moment völlig in sich zusammen. Mit leicht zitternden Händen zog er sich eine Zigarette aus der blau-weißen Packung Marke »Club« und entzündete sie mit einem Gasfeuerzeug. Er zog den Rauch tief ein und stieß ihn heftig aus. »Von dem Gulasch wollen Sie nicht«,

fragte er plötzlich und war wieder vollkommen verwandelt, als sei die letzte Szene ein Albtraum gewesen. Zum wiederholten Male verneinte A. und meinte, er wolle seinen Gastgeber nun auch nicht länger vom Abendessen abhalten. Keinen Widerspruch zulassend griff er nach seiner Umhängetasche. Eine leise Angst durchrieselte ihn, als könne ihn jemand zurückhalten. Wieder flog das triumphierende Grinsen über das Gesicht des Grauen. »Ich würde mich wirklich freuen, Sie zu unserem Gesprächskreis begrüßen zu dürfen, Herr Doktor«, sagte er förmlich und drückte A. ein Einladungsschreiben in die Hand. Während dieser Worte waren beide aufgestanden, gemeinsam durch den stockfinsteren Flur gegangen. Die Küchentür stand einen Spalt offen und A.'s Blick fiel auf einen alten Gasherd und einen mit schmutzigem Geschirr vollgestopften Ausguss, matt beleuchtet von einer schwachen Glühbirne in einer einfachen weißen Keramikfassung. Auf einem Brett standen Waschmittelpäckchen, Blechdosen und ein Einweckglas mit Abwaschbürsten und anderen Utensilien. Ansonsten war die Küche leer, die Wohnungstür war nicht gegangen, die Wohnung hatte keine weiteren Zimmer. Wo ist der junge Mann geblieben?, fragte sich A. Wie in Trance gab er dem grauen Mann die Hand und ließ sich aus der Tür schieben. Wieder überkam ihn das Gefühl, ein altes verstaubtes Papier berührt zu haben. Er stand auf dem Hof. Der eiskalte, feine Nieselregen ließ das Licht der leicht flackernden Leuchtstoffröhre zu einem hellen Fleck verschwimmen. A. nahm sich nicht die Zeit, sich noch einmal umzuschauen. Den großen Pfützen ausweichend durchquerte er eilig dem Hof und erreichte die Straße. Ein heftiger Brechreiz würgte ihn, der auch nicht nachlassen wollte, als er in der überfüllten S-Bahn stand. Die müden Gesichter der von der Arbeit heimkehrenden Fahrgäste wirkten im kalten Neonlicht wie Totenmasken. Die bekannten Stationen reihten sich aneinander. A. zog ein Notizbuch aus der ledernen Umhängetasche und begann, sich Notizen für seinen nächsten Vortrag zu machen. »Zeit und Raum sind in der überlieferten Ideenwelt des Volksglaubens nicht streng geschieden. Sie sind einander überschneidende Ebenen, auf denen sich der Mensch in jeder Richtung bewegen kann. Doch wer die verrufenen Orte betritt, möchte wohl bewandert sein in den Künsten der Magie und gewappnet mit hilfreichen Amuletten und Zaubersprüchen ...«

Die grünen Buchstaben auf der digitalen Anzeigetafel zeigten: »... nächste Station: Ostkreuz ... S 4 ... Umsteigemöglichkeiten zur S 3 und S 5 ... nächste Station Ostkreuz ...«. A. strich die letzten Zeilen als zu pathetisch und krakelte schnell noch in sein Heft: Im »Lexikon der literarischen Stoffe«; »Handwörterbuch des deutschen Volksaberglaubens« nachschlagen: Wiedergänger, Teufelsbündner, der graue Gast. Darin besteht das Wesen der Magie wie der »Geschichtswissenschaft«, dachte er, als er sein Notizbuch im Aufstehen in die Tasche steckte, das Unerklärbare und Unbeschreibbare in Begriffe, Zeichen und Geschichten zu bannen. Mit leisem Schnaufen öffnete sich die S-Bahntür und A. trat in den regnerischen Abend hinaus.

Johannes Weberling

Ohne Novellierung keine Aufarbeitung Ein Vorschlag

Das Stasi-Unterlagen-Gesetz (StUG) von 1991 ist ein tragfähiger Kompromiss: Einerseits sichert es die individuellen Rechte der Betroffenen und schützt den Einzelnen vor der unbefugten Verwendung seiner in den Stasiunterlagen enthaltenen persönlichen Daten, andererseits dient es den Informationsbedürfnissen von Wissenschaftlern und Journalisten, die in den Grundrechten der Presse- und Wissenschaftsfreiheit garantiert sind. Bei der Anwendung hat sich die Bundesbehörde für die Unterlagen des Staatssicherheitsdienstes der ehemaligen DDR entsprechend dem Willen der breiten Mehrheit im Bundestag an den gleichberechtigten Zielen des Gesetzes, dem Opfer- beziehungsweise Betroffenschutz auf der einen Seite und den Aufklärungs- beziehungsweise Aufarbeitungsinteressen auf der anderen Seite orientiert.

Kurzfristige Klarstellungen des Gesetzgebers im StUG wären daher – von einer Änderung der ab dem 1. Januar 2003 wirksam werdenden Anonymisierungsvorschrift des § 14 StUG abgesehen – eigentlich nicht nötig. Nach dem Urteil des Bundesverwaltungsgerichts in Sachen Dr. Helmut Kohl ./. Bundesrepublik Deutschland ist Handlungsbedarf jedoch dringend geboten, weil die Aufarbeitung der Tätigkeit des Staatssicherheitsdienstes faktisch blockiert ist. Das bietet aber auch die Chance, die Möglichkeiten zur Aufarbeitung noch zu verbessern – durch Präzisierung einzelner Bestimmungen und bei angemessener Berücksichtigung der Interessen betroffener Personen. Dazu habe ich als Sachverständiger in der öffentlichen Anhörung des Innenausschusses des Deutschen Bundestages zum Stasi-Unterlagen-Gesetz am 25. April 2002 Vorschläge gemacht, die hier erörtert und vertieft werden sollen:

1. Die beiderseitigen Argumente insbesondere in dem verwaltungsgerichtlichen Verfahren zwischen Dr. Kohl und dem BStU belegen, dass es sinnvoll ist, den Begriff des »Dritten« in § 6 Absatz 7 StUG zu präzisieren. Danach sind »Dritte« sonstige Personen, »über die der Staatssicherheitsdienst Informationen gesammelt hat«. »Betroffene« sind dagegen nach § 6 Absatz 3 StUG Personen, zu denen der Staatssicherheitsdienst aufgrund zielgerichteter Informationserhebung oder Ausspähung einschließlich heimlicher Informationserhebung Informationen gesammelt hat. In einer großen Zahl von Stasiunterlagen sind aber Namen von Personen enthalten, die weder aufgrund einer zielgerichteten Informationserhebung, noch aufgrund einer systematischen Sammlung in die Unterlagen gelangt sind. Es wäre deshalb sinnvoll, klarzustellen, dass es neben den »Dritten« auch noch »Sonstige Personen« gibt, deren schutzwürdige Interessen durch die Herausgabe der Akten in der Regel nicht berührt werden. Das würde den Aufwand des BStU bei der Aufbereitung der Akten für Einsichtnahmen jeder Art erheblich reduzieren und anhängige Verfahren beschleunigen.

2. § 6 Absatz 9 StUG definiert die Verwendung – »die Weitergabe von Unterlagen, die Übermittlung von Informationen aus den Unterlagen sowie die sonstige Verarbeitung und die Nutzung von Informationen«. Gut zehn Jahre nach Inkrafttreten des Gesetzes erscheint es angebracht, erste Schritte zur mittelfristigen Weiterentwicklung der Tätigkeit des BStU hin zu einem »normalen« Archiv mit Forschungs- und Informationsabteilung zu unternehmen. Vor den Worten »die sonstige Verarbeitung« sollten deshalb die Worte »die dauerhafte Sicherung« eingefügt werden.

3. In der Vergangenheit wurde insbesondere den privatrechtlichen Medien wiederholt vorgeworfen, zwar umfassend über vermeintliche oder tatsächliche Stasibelastungen zu berichten, aber eventuelle Belastungen eigener redaktioneller Mitarbeiter nur unzureichend aufzuklären. Das StUG hat den privatrechtlichen Medien diese Arbeit in eigener Sache im Gegensatz zum öffentlich-rechtlichen Rundfunk bisher allerdings nachhaltig erschwert. Gegenwärtig ist es lediglich im Wege umfassender wissenschaftlicher und publizistischer Vorhaben möglich, die

Tätigkeit des Staatssicherheitsdienstes auch insoweit aufzuklären. Überprüfungen zur Feststellung einer hauptamtlichen oder inoffiziellen Mitarbeit für den Staatssicherheitsdienst sind gemäß §§ 20 Absatz 3 und 21 Absatz 3 StUG nur noch bis zum 28. Dezember 2006 zulässig. Den privatwirtschaftlichen Medien sollte in dieser verbleibenden Zeit die Möglichkeit gegeben werden, zur Sicherung ihrer Glaubwürdigkeit auch eventuelle Belastungen einzelner Redakteure aufzuklären. Der Katalog der Personen, die mit ihrer Einwilligung überprüft werden können, sollte deshalb in den §§ 20 und 21 um die Personengruppe der »Redakteure« erweitert werden.

4. Eine historische oder publizistische Aufarbeitung der Tätigkeit des Staatssicherheitsdienstes, die diesen Namen verdient, ist nach dem so genannten Kohl-Urteil nicht mehr möglich: Ein umfassender Zugang zu den Unterlagen hängt nun von der willkürlichen Entscheidung der darin genannten Personen der Zeitgeschichte, Inhaber von politischen Funktionen oder Amtsträger in Ausübung ihres Amtes ab. Deren Zustimmung ist nicht nur nicht garantiert, sondern dürfte gerade bei kritischen Sachverhalten fraglich sein. Kein Wissenschaftler (und kein Journalist) wird deshalb ein Forschungs- oder Recherchevorhaben in Angriff nehmen, dessen Ausgang unbestimmt ist. Ohne eine Novellierung der §§ 32 – 34 StUG würde sich die ohnehin erst begonnene Aufarbeitung zwangsläufig auf die inneren Strukturen des Staatssicherheitsdienstes beschränken.
Für bereits erschienene Publikationen besteht die Gefahr, dass deren weitere Verbreitung auf Antrag gerichtlich untersagt wird. Die noch in den Anfängen steckende Aufarbeitung der Tätigkeit des Staatssicherheitsdienstes ist aber für die politische Kultur in Deutschland von nicht zu überschätzender Bedeutung. Nicht nur die Struktur, sondern auch die Wirkungsweisen des Staatssicherheitsdienstes, des »Schilds und Schwerts« der SED, bildeten das Herzstück des totalitären Staatswesens DDR. Die Aufarbeitung wird die vielfältigsten Formen sowohl der Unterdrückung und des Gefügigmachens von Menschen, aber auch des Aufbegehrens, der Zivilcourage und des Widerstandes im Kleinen und Großen für die öffentliche Diskussion und insbesondere die politische Bildung dokumentieren. Eine freiheitlich-demokratische Gesellschaft, die mehr denn je auf

die Mitwirkung couragierter Staatsbürger im Alltag angewiesen ist, kann auf diesen Fundus an Informationen nicht verzichten. Das Verfügbarmachen und Verfügbarhalten für Erforschung und Vermittlung dieser Fakten insbesondere an die nachwachsenden Generationen sollte deshalb der Schwerpunkt des BStU in den kommenden Jahrzehnten bleiben können.
Bei der nun unvermeidlichen Novellierung der §§ 32 – 34 StUG hat der Gesetzgeber sowohl die Vorgaben des vom Bundesverfassungsgericht aus dem allgemeinen Persönlichkeitsrecht (Artikel 2 Absatz 1 in Verbindung mit Artikel 1 Absatz 1 Grundgesetz) abgeleiteten Rechts auf informationelle Selbstbestimmung als auch die Grundrechte der Presse- und Wissenschaftsfreiheit (Artikel 5 Absatz 2 und Absatz 3 Grundgesetz) zu berücksichtigen. So wie das Recht auf informationelle Selbstbestimmung bei überwiegendem Allgemeininteresse eingeschränkt werden kann, werden auch die Grundrechte der Presse- und Wissenschaftsfreiheit durch die anderen von der Verfassung geschützten Rechtsgüter begrenzt. Bei einem Konflikt zwischen den Grundrechten verschiedener Grundrechtsträger ist abzuwägen, welche Bestimmung des Grundgesetzes in der konkret zu entscheidenden Frage das höhere Gewicht hat. Ausgangspunkt ist aber nach der Rechtsprechung des Bundesverfassungsgerichts und der herrschenden Lehre nicht die völlige Verdrängung eines der Grundrechte, sondern der Versuch, einen schonenden Ausgleich zu finden, so dass jedes Grundrecht zu möglichst optimaler Wirkung gelangen kann.
Der schon von der Durchführungs- und Auslegungsvereinbarung zum Einigungsvertrag vom 18. September 1990 für das StUG geforderte angemessene Interessenausgleich folgt also unmittelbar aus den Vorgaben des Grundgesetzes. Die Schaffung ausreichender Voraussetzungen für eine umfassende Aufarbeitung der Stasi-Vergangenheit gehört zu den in der Verfassung verankerten Pflichten des Staates. Denn das Bundesverfassungsgericht vertritt seit seinem so genannten Hochschulurteil aus dem Jahr 1972 in ständiger Rechtsprechung die Auffassung, dass das Grundrecht der Wissenschaftsfreiheit (Artikel 5 Absatz 3 Grundgesetz) dem Staat die Verpflichtung auferlegt, die Pflege der freien Wissenschaft und ihre Vermittlung an die nachfolgende Generation durch die Bereitstellung von personellen, finanziellen und organisatorischen Mitteln

zu ermöglichen und zu fördern. Daraus folgt nicht zuletzt, dass archivarische Organisationsabläufe so ausgestaltet werden müssen, dass der einzelne Forscher in der Lage ist, von seinem Recht auch tatsächlich Gebrauch zu machen. Gleiches gilt zumindest im Grundsatz für den Informationsanspruch von Medien gegenüber dem Staat und seinen Einrichtungen.
Die umstrittene Bedeutung des Teilsatzes in § 32 Absatz 1 StUG über die Herausgabe von Unterlagen mit personenbezogenen Informationen über Personen der Zeitgeschichte, Inhaber politischer Funktionen und Amtsträger in Ausübung ihres Amtes »soweit sie nicht Betroffene oder Dritte sind«, wurde vom Bundesverwaltungsgericht so gelesen, als würde er lauten »die nicht Betroffene oder Dritte sind«. Das steht im Widerspruch nicht nur zu den Vorgaben der Durchführungsvereinbarung zum Einigungsvertrag, auf die das Bundesverwaltungsgericht mit keinem Wort eingeht, und dem ihr folgenden Willen des Gesetzgebers, sondern auch zum § 6 Absatz 8 StUG. (»Ob Personen Mitarbeiter des Staatssicherheitsdienstes, Begünstigte, Betroffene oder Dritte sind, ist für jede Information gesondert festzustellen. Für die Feststellung ist maßgebend, mit welcher Zielrichtung die Informationen in die Unterlagen aufgenommen worden sind.«)
Sofern der Wille des Gesetzgebers im Jahr 2002 zur umfassenden Aufarbeitung der Tätigkeit des Staatssicherheitsdienstes unverändert ist, muss diese Bestimmung klargestellt werden. Dabei wäre es ausreichend, den Teilsatz »soweit sie nicht Betroffene oder Dritte sind« in § 32 StUG ersatzlos zu streichen. Dieses allein ist schon unproblematisch, da § 32 StUG in Absatz 1 und Absatz 3 eine Herausgabe sowie eine Veröffentlichung von Unterlagen mit personenbezogenen Informationen durch den BStU ohnehin nur zulässt, wenn dadurch »keine überwiegenden schutzwürdigen Interessen der genannten Personen beeinträchtigt werden«. Ohnehin ist nicht nachvollziehbar, welche schutzwürdigen Interessen dieser Personen bei einer bloßen Einsichtnahme durch Wissenschaftler oder Redakteure überwiegen sollen, da eine entsprechende Abwägung vor einer Veröffentlichung erneut erfolgen muss. Es empfiehlt sich aber, in § 32 die Formulierung von den »überwiegenden schutzwürdigen« Interessen jeweils durch den im Presse- und Medienrecht geläufigen Begriff »berechtigte«

Interessen zu ersetzen. Damit könnte in Streitfällen auf die abgewogene und differenzierte Rechtsprechung des Bundesverfassungsgerichtes zum § 23 Kunst-Urheberrechts-Gesetz (Ausnahmen vom Recht am eigenen Bild bei Personen der Zeitgeschichte) zurückgegriffen werden.

5. Gemäß § 32 StUG bedürfen die Vorlage von Unterlagen mit personenbezogenen Informationen und deren Veröffentlichung der Einwilligung der in den Unterlagen genannten Personen. Ist die betreffende Person verstorben, sind diese Unterlagen für die historische und publizistische Aufarbeitung überwiegend unzugänglich. Deshalb sollte nach dem Muster Kunst-Urheberrechts-Gesetz (§ 22 Sätze 3 und 4) klargestellt werden, dass es nach dem Tode der betreffenden Person nur bis zum Ablauf von zehn Jahren einer Einwilligung der Angehörigen zur Vorlage und Veröffentlichung von Stasiunterlagen bedarf. Angehörige im Sinne dieses Gesetzes wären dann der überlebende Ehegatte (oder Lebenspartner) und die Kinder der betreffenden Person, sowie für den Fall, dass weder ein Ehegatte (oder Lebenspartner) noch Kinder vorhanden sind, die Eltern der betreffenden Person.

6. Gemäß § 14 StUG können ab dem 1. Januar 2003 Betroffene und Dritte beantragen, dass die ihre Person betreffenden Informationen in den zu ihnen geführten Stasiunterlagen anonymisiert werden. Diese Vorschrift entstand 1991 unter anderem aus der Sorge heraus, dass ein Missbrauch der Unterlagen nie ganz auszuschließen sei und Betroffene deshalb die Möglichkeit haben müssten, sie in ihrem Privatbereich berührende Daten und Akten völlig vernichten zu lassen. Die Tätigkeit des BStU in den vergangenen zehn Jahren und der verantwortungsvolle Umgang gerade der Betroffenen mit den ihnen zur Kenntnis gelangten Informationen in den Stasiunterlagen hat bewiesen, dass diese Sorge unbegründet war.
Zudem sind die beim BStU lagernden Stasiunterlagen bis heute erst zu 66,5 Prozent erschlossen und recherchierbar. Der zunächst auf den 1. Januar 1997 festgesetzte Anonymisierungstermin wurde deshalb schon zweimal auf jetzt den 1. Januar 2003 verschoben. Die Entwicklung der historischen Forschung, insbesondere der Wirtschafts- und Sozialgeschichte,

belegt, dass heute nicht einmal ansatzweise alle Fragestellungen künftiger Forschungen voraussehbar sind. Würde das Material aus tagespolitischen Erwägungen vernichtet, nimmt man künftigen Generationen die Möglichkeit, andere und gegebenenfalls bessere Einsichten über unsere Zeit zu gewinnen. Der Schutz der Betroffenen und Dritten wird durch die vorhandenen Vorschriften in der Interpretation des Bundesverwaltungsgerichts absolut und unter der Maßgabe, dass die unter 4. vorgeschlagenen Änderungen zu § 32 StUG umgesetzt werden, umfassend gewährleistet. § 14 StUG kann daher ersatzlos entfallen.

Es ist zu wünschen, dass die Abgeordneten des Bundestages sich trotz des Wahlkampfes ähnlich wie 1991 zu einer parteiübergreifenden »Koalition der Vernunft« zusammenfinden. Nur eine schnelle Novellierung des StUG garantiert, dass die Tätigkeit des Staatssicherheitsdienstes weiter wissenschaftlich und publizistisch aufgearbeitet werden kann. Sonst würden, dreizehn Jahre nach dem Ende der DDR, die einstigen Träger des politischen Systems der DDR durch das rechtliche Vorgehen des »Kanzlers der Einheit« einen verspäteten Sieg über die friedlichen Revolutionäre erringen.

Der Text ist die gekürzte Fassung eines Beitrags des Autors für die »Zeitschrift für Rechtspolitik« (ZRP).

Anhang

Wichtige Paragrafen des Stasi-Unterlagen-Gesetzes
(Auszüge)

Gesetz über die Unterlagen des Staatssicherheitsdienstes der ehemaligen Deutschen Demokratischen Republik vom 20. Dezember 1991

§ 1 Zweck und Anwendungsbereich des Gesetzes

(1) Dieses Gesetz regelt die Erfassung, Erschließung, Verwaltung und Verwendung der Unterlagen des Ministeriums für Staatssicherheit und seiner Vorläufer- und Nachfolgeorganisationen (Staatssicherheitsdienst) der ehemaligen Deutschen Demokratischen Republik, um

1. dem einzelnen Zugang zu den vom Staatssicherheitsdienst zu seiner Person gespeicherten Informationen zu ermöglichen, damit er die Einflußnahme des Staatssicherheitsdienstes auf sein persönliches Schicksal aufklären kann,
2. den einzelnen davor zu schützen, daß er durch den Umgang mit den vom Staatssicherheitsdienst zu seiner Person gespeicherten Informationen in seinem Persönlichkeitsrecht beeinträchtigt wird,
3. die historische, politische und juristische Aufarbeitung der Tätigkeit des Staatssicherheitsdienstes zu gewährleisten und zu fördern,
4. öffentlichen und nicht-öffentlichen Stellen die erforderlichen Informationen für die in diesem Gesetz genannten Zwecke zur Verfügung zu stellen.

(2) Dieses Gesetz gilt für Unterlagen des Staatssicherheitsdienstes, die sich bei öffentlichen Stellen des Bundes oder der Länder, bei natürlichen Personen oder sonstigen nicht-öffentlichen Stellen befinden.

§ 5 Besondere Verwendungsverbote

(1) Die Verwendung personenbezogener Informationen über Betroffene oder Dritte, die im Rahmen der zielgerichteten Informationserhebung oder Ausspähung des Betroffenen einschließlich heimlicher Informationserhebung gewonnen worden sind, zum Nachteil dieser Personen ist unzulässig. Dies gilt nicht in den Fällen des § 21 Abs. 1 Nr. 1 und 2, wenn Angaben des Betroffenen oder Dritten sich aufgrund der Informationen ganz oder teilweise als unzutreffend erweisen.

...

§ 6 Begriffsbestimmungen

...

(3) Betroffene sind Personen, zu denen der Staatssicherheitsdienst aufgrund zielgerichteter Informationserhebung oder Ausspähung einschließlich heimlicher Informationserhebung Informationen gesammelt hat. ...

(4) Mitarbeiter des Staatssicherheitsdienstes sind hauptamtliche und inoffizielle Mitarbeiter.

1. Hauptamtliche Mitarbeiter sind Personen, die in einem offiziellen Arbeits- oder Dienstverhältnis des Staatssicherheitsdienstes gestanden haben und Offiziere des Staatssicherheitsdienstes im besonderen Einsatz.
2. Inoffizielle Mitarbeiter sind Personen, die sich zur Lieferung von Informationen an den Staatssicherheitsdienst bereiterklärt haben.

(5) Die Vorschriften über Mitarbeiter des Staatssicherheitsdienstes gelten entsprechend für

1. Personen, die gegenüber Mitarbeitern des Staatssicherheitsdienstes hinsichtlich deren Tätigkeit für den Staatssicherheitsdienst rechtlich oder faktisch weisungsbefugt waren,
2. inoffizielle Mitarbeiter des Arbeitsgebietes 1 der Kriminalpolizei der Volkspolizei.

(6) Begünstigte sind Personen, die
1. vom Staatssicherheitsdienst wesentlich gefördert worden sind, insbesondere durch Verschaffung beruflicher oder sonstiger wirtschaftlicher Vorteile,
2. vom Staatssicherheitsdienst oder auf seine Veranlassung bei der Strafverfolgung geschont worden sind,
3. mit Wissen, Duldung oder Unterstützung des Staatssicherheitsdienstes Straftaten gefördert; vorbereitet oder begangen haben.

(7) Dritte sind sonstige Personen, über die der Staatssicherheitsdienst Informationen gesammelt hat.

(8) Ob Personen Mitarbeiter des Staatssicherheitsdienstes, Begünstigte, Betroffene oder Dritte sind, ist für jede Information gesondert festzustellen. Für die Feststellung ist maßgebend, mit welcher Zielrichtung die Informationen in die Unterlagen aufgenommen worden sind. ...

§ 13 Recht von Betroffenen und Dritten auf Auskunft, Einsicht und Herausgabe

(1) Betroffenen ist auf Antrag Auskunft über die zu ihrer Person vorhandenen und erschlossenen Unterlagen zu erteilen. ...

(2) Die Auskunft umfaßt eine Beschreibung der zu der Person des Betroffenen vorhandenen und erschlossenen Unterlagen und eine Wiedergabe ihres wesentlichen Inhaltes. ...

(3) Dem Betroffenen ist auf Antrag Einsicht in die zu seiner Person vorhandenen und erschlossenen Unterlagen zu gewähren.

...

(7) Für Dritte gelten die Absätze 1 bis 6 entsprechend mit der Maßgabe, daß der Antragsteller Angaben zu machen hat, die das Auffinden der Informationen ermöglichen. Die Auskunft wird nur erteilt, wenn der dafür erforderliche Aufwand nicht außer Verhältnis zu dem vom Antragsteller geltend gemachten Informationsinteresse steht.

§ 14 Anonymisierung und Löschung personenbezogener Information über Betroffene und Dritte

(1) Auf Antrag Betroffener und Dritter werden in den zu ihrer Person geführten Unterlagen des Staatssicherheitsdienstes einschließlich der Hilfsmittel, die dem Auffinden der Unterlagen dienen, die ihre Person betreffenden Informationen anonymisiert. Anträge können ab 1. Januar 2003 gestellt werden.

(2) Die Anonymisierung unterbleibt,
1. soweit andere Personen ein offensichtlich überwiegendes Interesse an einer zulässigen Nutzung der Informationen zur Behebung einer bestehenden Beweisnot haben,
2. soweit die Informationen für die Forschung zur politischen und historischen Aufarbeitung erforderlich sind,
3. solange ein diese Unterlagen betreffendes Zugangsersuchen einer zuständigen

Stelle anhängig ist und deswegen das Interesse des Antragstellers an der Anonymisierung zurücktreten muß. Die zu der Person des Antragstellers in den Unterlagen enthaltenen Informationen dürfen ohne seine Einwilligung nur übermittelt oder genutzt werden, soweit dies für den Zweck, der der Anonymisierung entgegensteht, unerläßlich ist.

(3) Die Absätze 1 und 2 gelten entsprechend für personenbezogene Informationen über den Antragsteller, die in Unterlagen vorhanden sind, die zur Person eines Mitarbeiters des Staatssicherheitsdienstes geführt werden.

(4) Ist eine Anonymisierung nicht möglich und ist Absatz 2 nicht anzuwenden, tritt an die Stelle der Anonymisierung die Vernichtung der Unterlage. Soweit die Unterlagen automatisiert lesbar sind, tritt an die Stelle der Vernichtung der Unterlage die Löschung der auf ihr gespeicherten Informationen. Satz 1 gilt nicht, wenn die Unterlagen auch personenbezogene Informationen über andere Betroffene oder Dritte enthalten und diese der Vernichtung der Unterlagen nicht zustimmen.

§ 21 Verwendung von Unterlagen, die personenbezogene Informationen über Betroffene oder Dritte enthalten, durch öffentliche und nicht-öffentliche Stellen

(1) Unterlagen, soweit sie personenbezogene Informationen über Betroffene oder Dritte enthalten, dürfen durch öffentliche und nicht-öffentliche Stellen in dem erforderlichen Umfang für folgende Zwecke verwendet werden:

1. Rehabilitierung von Betroffenen, Vermißten und Verstorbenen, Wiedergutmachung, Leistungen nach dem Häftlingshilfegesetz,
2. Schutz des Persönlichkeitsrechts,
...
6. Überprüfung der folgenden Personen nach Maßgabe der dafür geltenden Vorschriften und mit ihrer Kenntnis zur Feststellung, ob sie hauptamtlich oder inoffiziell für den Staatssicherheitsdienst tätig waren, soweit die Feststellung nicht mit den in § 20 genannten Unterlagen getroffen werden kann und es sich nicht um Tätigkeiten für den Staatssicherheitsdienst vor Vollendung des 18. Lebensjahres gehandelt hat:
a) Mitglieder der Bundesregierung oder einer Landesregierung sowie sonstige in einem öffentlich-rechtlichen Amtsverhältnis stehende Personen,
b) Abgeordnete und Angehörige kommunaler Vertretungskörperschaften,
c) Mitglieder des Beirates nach § 39,
d) Personen, die im öffentlichen Dienst des Bundes, der Länder einschließlich der Gemeinden und der Gemeindeverbände, über- oder zwischenstaatlicher Organisationen, in denen die Bundesrepublik Deutschland Mitglied ist, im kirchlichen Dienst sowie als Mitarbeiter von Abgeordneten und Fraktionen des Deutschen Bundestages und der Länderparlamente beschäftigt sind oder weiterverwendet werden sollen,
e) Personen, die als Notar weiterverwendet werden oder als Rechtsanwalt tätig bleiben sollen,
f)
· Vorstandsmitglieder, Geschäftsführer, Betriebsleiter oder leitende Angestellte in Betrieben einer juristischen Person,
· durch Gesetz, Satzung oder Gesellschaftsvertrag zur Vertretung der Personenmehrheit berufene Personen, Geschäftsführer, Betriebsleiter oder leitende Angestellte in Betrieben einer Personenmehrheit, Beschäftigte der aus dem Sondervermögen Deutsche Bundespost hervorgegangenen Unternehmen,

g) Sicherheitsüberprüfungen von Personen,
· denen im öffentlichen Interesse geheimhaltungsbedürftige Tatsachen, Gegenstände oder Erkenntnisse anvertraut werden, die Zugang dazu erhalten sollen oder ihn sich verschaffen können oder
· die an sicherheitsempfindlichen Stellen von lebens- oder verteidigungswichtigen Einrichtungen beschäftigt sind oder werden sollen;
die Feststellung kann sich auch auf die Tätigkeit für einen ausländischen Nachrichtendienst beziehen,
7. Überprüfung der folgenden Personen mit ihrer Einwilligung zur Feststellung, ob sie hauptamtlich oder inoffiziell für den Staatssicherheitsdienst tätig waren, soweit die Feststellung nicht mit den in § 20 genannten Unterlagen getroffen werden kann und es sich nicht um Tätigkeiten für den Staatssicherheitsdienst vor Vollendung des 18. Lebensjahres gehandelt hat:
a) Vorstände von politischen Parteien bis hinunter zur Kreisebene,
b) Personen, die als ehrenamtliche Richter tätig sind,
c) Personen, die in einem kirchlichen Ehrenamt tätig sind,
d) Personen, die in Verbänden auf Bundes- oder Landesebene leitende Funktionen wahrnehmen; soweit es sich nicht um gerichtliche Verfahren handelt, wird nur eine Mitteilung gemacht,
e) Betriebsräte,
f) Personen, die sich
· in den vorgenannten Fällen oder
· in den Fällen der Nummer 6 Buchstabe a bis f um das Amt, die Funktion, die Zulassung oder die Einstellung bewerben;
die Feststellung kann sich auch auf die Tätigkeit für einen ausländischen Nachrichtendienst beziehen; wenn tatsächliche Anhaltspunkte für den Verdacht einer Tätigkeit für den Staatssicherheitsdienst oder einen ausländischen Nachrichtendienst vorliegen, genügt anstelle der Einwilligung die Kenntnis der zu überprüfenden Person.
...
(3) Die Verwendung für die in Absatz 1 Nr. 6 und 7 genannten Zwecke ist nach Ablauf einer Frist von 15 Jahren unzulässig. Die Frist beginnt am Tage des Inkrafttretens dieses Gesetzes. Nach Ablauf der Frist darf die Tatsache einer Tätigkeit für den Staatssicherheitsdienst dem Mitarbeiter im Rechtsverkehr nicht mehr vorgehalten und nicht zu seinem Nachteil verwendet werden...

§ 22 Verwendung von Unterlagen für Zwecke parlamentarischer Untersuchungsausschüsse

(1) Das Recht auf Beweiserhebung durch parlamentarische Untersuchungsausschüsse nach Artikel 44 Abs. 1 und 2 des Grundgesetzes erstreckt sich auch auf Unterlagen des Staatssicherheitsdienstes.

(2) Absatz 1 gilt entsprechend für parlamentarische Untersuchungsausschüsse der Länder.

§ 28 Mitteilungen ohne Ersuchen an nicht-öffentliche Stellen

(1) Stellt der Bundesbeauftragte gelegentlich der Erfüllung seiner Aufgaben nach § 37 fest, daß
1. Vorstände von politischen Parteien bis hinunter zur Kreisebene,
2. Personen, die in Verbänden auf Bundes- oder Landesebene leitende Funktionen wahrnehmen,
3. in Betrieben einer juristischen Person ein Vorstandsmitglied, ein Geschäftsführer, ein Betriebsleiter oder ein leitender Angestellter,

4. in Betrieben einer Personenmehrheit eine durch Gesetz, Satzung oder Gesellschaftsvertrag zur Vertretung der Personenmehrheit berufene Person, ein Geschäftsführer, ein Betriebsleiter oder ein leitender Angestellter,
hauptamtlich oder inoffiziell für den Staatssicherheitsdienst tätig gewesen ist, so hat er dies von sich aus den zuständigen Stellen mitzuteilen.
...

§ 32 Verwendung von Unterlagen für die Aufarbeitung der Tätigkeit des Staatssicherheitsdienstes

(1) Für die Forschung zum Zwecke der politischen und historischen Aufarbeitung der Tätigkeit des Staatssicherheitsdienstes sowie für Zwecke der politischen Bildung stellt der Bundesbeauftragte folgende Unterlagen zur Verfügung:
1. Unterlagen, die keine personenbezogenen Informationen enthalten,
2. Duplikate von Unterlagen, in denen die personenbezogenen Informationen anonymisiert worden sind,
3. Unterlagen mit personenbezogenen Informationen über
· Personen der Zeitgeschichte, Inhaber politischer Funktionen oder Amtsträger in Ausübung ihres Amtes, soweit sie nicht Betroffene oder Dritte sind,
· Mitarbeiter des Staatssicherheitsdienstes, soweit es sich nicht um Tätigkeiten für den Staatssicherheitsdienst vor Vollendung des 18. Lebensjahres gehandelt hat, oder
· Begünstigte des Staatssicherheitsdienstes,
soweit durch die Verwendung keine überwiegenden schutzwürdigen Interessen der genannten Personen beeinträchtigt werden,
4. Unterlagen mit anderen personenbezogenen Informationen, wenn die schriftlichen Einwilligungen der betreffenden Personen, in denen das Vorhaben und die durchführenden Personen bezeichnet sind, vorgelegt werden.
...
(3) Personenbezogene Informationen dürfen nur veröffentlicht werden, wenn
1. die Personen, über die personenbezogene Informationen veröffentlicht werden sollen, eingewilligt haben, oder
2. es sich um Informationen über
· Personen der Zeitgeschichte, Inhaber politischer Funktionen oder Amtsträger in Ausübung ihres Amtes, soweit sie nicht Betroffene oder Dritte sind,
· Mitarbeiter des Staatssicherheitsdienstes, soweit es sich nicht um Tätigkeiten für den Staatssicherheitsdienst vor Vollendung des 18. Lebensjahres gehandelt hat, oder
· Begünstigte des Staatssicherheitsdienstes
handelt und durch die Veröffentlichung keine überwiegenden schutzwürdigen Interessen der genannten Personen beeinträchtigt werden.

(4) Die Absätze 1 und 3 gelten sinngemäß auch für Zwecke der politischen und historischen Aufarbeitung der nationalsozialistischen Vergangenheit.

§ 34 Verwendung von Unterlagen durch Presse, Rundfunk und Film

(1) Für die Verwendung von Unterlagen durch Presse, Rundfunk, Film, deren Hilfsunternehmen und die für sie journalistisch-redaktionell tätigen Personen gelten die §§ 32 und 33 entsprechend.

(2) Führt die Veröffentlichung personenbezogener Informationen durch Rundfunkanstalten des Bundesrechts zu Gegendarstellungen von Personen, die in der Veröffentlichung genannt sind, so sind diese Gegendarstellungen den personenbezogenen Informationen beizufügen und mit ihnen aufzubewahren. Die Infor-

mationen dürfen nur zusammen mit den Gegendarstellungen erneut veröffentlicht werden.

§ 35 Bundesbeauftragter für die Unterlagen des Staatssicherheitsdienstes der ehemaligen Deutschen Demokratischen Republik

(1) Der Bundesbeauftragte für die Unterlagen des Staatssicherheitsdienstes der ehemaligen Deutschen Demokratischen Republik ist eine Bundesoberbehörde im Geschäftsbereich des Bundesministers des Innern. Er hat eine Zentralstelle in Berlin und Außenstellen in den Ländern Berlin, Brandenburg, Mecklenburg-Vorpommern, Sachsen, Sachsen-Anhalt und Thüringen.

(2) Der Leiter der Behörde wird auf Vorschlag der Bundesregierung vom Deutschen Bundestag mit mehr als der Hälfte der gesetzlichen Zahl seiner Mitglieder gewählt. ... Er ist vom Bundespräsidenten zu ernennen.

...

(5) Der Bundesbeauftragte steht nach Maßgabe dieses Gesetzes zum Bund in einem öffentlich-rechtlichen Amtsverhältnis. Er ist in Ausübung seines Amtes unabhängig und nur dem Gesetz unterworfen. Er untersteht der Rechtsaufsicht der Bundesregierung. Die Dienstaufsicht führt der Bundesminister des Innern.

§ 37 Aufgaben und Befugnisse des Bundesbeauftragten

(1) Der Bundesbeauftragte hat nach Maßgabe dieses Gesetzes folgende Aufgaben und Befugnisse:

1. Erfassung der Unterlagen des Staatssicherheitsdienstes,
2. nach archivischen Grundsätzen Bewertung, Ordnung, Erschließung, Verwahrung und Verwaltung der Unterlagen,
3. Verwaltung der Unterlagen im zentralen Archiv der Zentralstelle und in den regionalen Archiven der Außenstellen; gesondert zu verwahren sind

a) die dem Staatssicherheitsdienst überlassenen Akten von Gerichten und Staatsanwaltschaften,
b) Duplikate nach § 11 Abs. 2 Satz 2,
c) Unterlagen über Mitarbeiter von Nachrichtendiensten des Bundes, der Länder und der Verbündeten,
d) Unterlagen über Mitarbeiter anderer Nachrichtendienste,

mit technischen oder sonstigen fachlichen Anweisungen oder Beschreibungen über Einsatzmöglichkeiten von Mitteln und Methoden auf den Gebieten der Spionage, Spionageabwehr oder des Terrorismus,

wenn der Bundesminister des Innern im Einzelfall erklärt, daß das Bekanntwerden der Unterlagen die öffentliche Sicherheit gefährden oder sonst dem Wohl des Bundes oder eine Landes Nachteile bereiten würde;

für die gesonderte Verwahrung nach Buchstabe b bis d gelten die Vorschriften über den Umgang mit Verschlußsachen der Geheimhaltungsgrade VS-Vertraulich und höher,

4. Erteilung von Auskünften, Mitteilungen aus Unterlagen, Gewährung von Einsicht in Unterlagen, Herausgabe von Unterlagen,
5. Aufarbeitung der Tätigkeit des Staatssicherheitsdienstes durch Unterrichtung der Öffentlichkeit über Struktur, Methoden und Wirkungsweise des Staatssicherheitsdienstes; für die Veröffentlichung personenbezogener Informationen gilt § 32 Abs. 3,
6. Unterstützung der Forschung und der politischen Bildung bei der historischen und politischen Aufarbeitung der Tätigkeit des Staatssicherheitsdienstes durch Gewährung von Einsicht in Unterlagen und Herausgabe von Duplikaten von Unterlagen,

7. Information und Beratung von natürlichen Personen, anderen nicht-öffentlichen Stellen und öffentlichen Stellen; die Information und Beratung kann auch in den Außenstellen erfolgen,
8. Einrichtung und Unterhaltung von Dokumentations- und Ausstellungszentren.
...

§ 43 Vorrang dieses Gesetzes
Die Regelungen dieses Gesetzes gehen Vorschriften über die Zulässigkeit der Übermittlung personenbezogener Informationen in anderen Gesetzen vor. Das Bundesdatenschutzgesetz findet mit Ausnahme der Vorschriften über die Datenschutzkontrolle keine Anwendung, soweit nicht in § 6 Abs. 9 und § 41 Abs. 1 Satz 3 dieses Gesetzes etwas anderes bestimmt ist.

§ 46a Einschränkung von Grundrechten
Das Brief-, Post- und Fernmeldegeheimnis (Artikel 10 des Grundgesetzes) wird nach Maßgabe dieses Gesetzes eingeschränkt.

Chronik des Aktenstreits

Ende 1999/Anfang 2000

Der Bundesbeauftragte für die Unterlagen des Staatssicherheitsdienstes der ehemaligen DDR (BStU), Joachim Gauck, informiert über Akten der für die Funkaufklärung zuständigen Hauptabteilung III des Ministeriums für Staatssicherheit (MfS). Mielkes Lauscher hörten in den letzten Jahrzehnten rund eine halbe Million westdeutsche Anschlüsse ab, vornehmlich aus Politik und Wirtschaft. Ein Teil der Dokumente wurde vernichtet, aber 170 Regalmeter abgetippter Lauschangriffe – Originalprotokolle und Zusammenfassungen von Telefonaten – sind allein im Berliner Zentralarchiv des BStU noch vorhanden, hinzu kommen Kassetten und Tonbänder. Der Streit um die Rechtmäßigkeit der Herausgabe entzündet sich an der Frage, ob solche Mitschnitte vom Parteispenden-Untersuchungsausschuss des Bundestags, der die CDU-Finanzaffäre aufklären soll, verwendet werden könnten. Ausschussvorsitzender Volker Neumann (SPD) lehnt das ab, der Grüne Christian Ströbele ist dafür.

28. März 2000

Neumann teilt mit, man werde die Stasi-Abhörprotokolle ehemaliger CDU- und FDP-Politiker nicht für die Beweisaufnahme verwenden. Darauf habe sich eine SPD-Arbeitsgruppe »bereits vor Wochen« verständigt. Die illegale Ausforschung einer demokratischen Partei dürfe man nicht nachträglich aufwerten oder gar rechtfertigen. Zudem stünden rechtliche Bedenken dagegen: »Der Schutz der Privatsphäre ist höher zu bewerten als das Aufklärungsinteresse des Ausschusses.« Auch Ströbele lehnt die Sichtung der Protokolle nun ab. Grünen-Fraktionschef Rezzo Schlauch meint dagegen, MfS-Erkenntnisse über das Finanzgebaren der CDU könnten »in die politische Bewertung« einfließen. Gauck hat Berichte über Telefonate herausgegeben, die der ehemalige Generalbevollmächtigte des CDU-Bundesschatzmeisters, Uwe Lüthje, zwischen 1979 und 1980 führte, aber auch wörtliche Protokolle von Telefonaten des einstigen CDU-Schatzmeisters Walther Leisler Kiep. Daraus geht hervor, dass die Stasi seit Ende der 70er Jahre von der illegalen CDU-Spendenpraxis und seit 1980 von schwarzen Konten im Ausland wusste. Die Anwälte von Altbundeskanzler Helmut Kohl bezeichnen die Veröffentlichung als den »bisherigen Tiefpunkt der Verleumdungskampagne«.

1. April 2000

Gauck sagt, er werde auf Anforderung der Justiz oder des Unterschungsausschusses Protokolle von Telefonaten abgehörter Politiker herausgeben, auch über den Altkanzler. In einem Telefonat habe er Kohl die Sicht seiner Behörde auf die Rechtslage erörtert.

3. April 2000

SPD-Generalsekretär Franz Müntefering erklärt nach einer Präsidiumssitzung seiner Partei, die Stasi-Abhörprotokolle über CDU-Politiker sollten nicht in der Arbeit des Untersuchungsausschusses genutzt werden. Die SPD sei generell gegen deren Veröffentlichung. Die Argumente, die den Streit in den nächsten zwei Jahren dominieren, werden sichtbar: Gegner der Herausgabe entdecken, dass das MfS nicht nach Maßgabe des Grundgesetzes gearbeitet hat und wenden ein, es handle sich um rechtswidrig erlangtes Material. So meint FDP-Generalsekretär Guido Westerwelle, man könne dann auch »die Zulassung von Foltergeständnissen als Beweismittel« einführen. Zu den Befürwortern der Freigabe gehört neben anderen der Grüne Schlauch. Sein Argument: eine drohende »Ungleichbehandlung« von Ost- und Westdeutschen. Es sei falsch, die Protokolle nur dann zu sperren, »wenn sie Politiker aus der alten Bundesrepublik betreffen«. Bundestagspräsident Wolfgang Thierse (SPD) äußert, Kohl habe wissen müssen, dass er »ohne jeden Zweifel eine Person der Zeitgeschichte« sei und deshalb für ihn »das Gesetz kein Veröffentlichungsverbot« vorsehe. Kohl wird mit einer Neubewertung des 1991 verabschiedeten Gesetzes über die Unterlagen des Staatssicherheitsdienstes der ehemaligen Deutschen Demokratischen Republik (StUG) zitiert: »Ich habe mir nicht vorgestellt, dass in meiner Amtsperiode so viel Scheiß gebaut worden ist.«

4. April 2000
Der Ministerpräsident von Sachsen-Anhalt, Reinhard Höppner (SPD), plädiert für die Veröffentlichung der Kohl-Abhörprotokolle: »Ich bin gegen eine Ausnahmeregelung für Helmut Kohl oder andere Prominente aus dem Westen.«

6. April 2000
Kohl beantragt Einsicht in seine Akten.

10. April 2000
Gauck teilt mit, die Behörde untersuche, welche Unterlagen es zu Kohl gebe: »Sollte Material vorliegen, wird genauso vorgegangen wie bei den Millionen anderen Anträgen, die wir bislang bearbeitet haben.« Personen der Zeitgeschichte seien im Stasi-Unterlagen-Gesetz wie im Pressegesetz weniger geschützt als einfache Mitbürger ohne öffentliches Amt. Außerdem warnt Gauck davor, wegen der Auseinandersetzung um die Abhörprotokolle das Gesetz in »Hektik und Eile« zu ändern: »Wenn sich der parteipolitische Pulverdampf verzogen hat, wird man sich vielleicht auch daran erinnern, dass man bereits 1991 sehr intensiv die sehr weitgehenden Nutzungsrechte der Presse diskutiert hat. Damals hat man weder das Presseprivileg noch die Forschungsfreiheit begrenzen mögen, sie sind ja im Grundgesetz verankert. Wenn eine Novellierung die wesentlichen Bereiche des StUG schützt, schadet sie nicht.«

11. April 2000
Gauck bekräftigt in einem Brief an Kohl die Absicht, dessen Unterlagen Forschern oder Journalisten zugänglich zu machen. Auch Informationen zu Personen, die zielgerichtet ausgespäht oder überwacht worden seien, könnten verwendet werden, soweit es sich um Personen der Zeitgeschichte, Amtsträger oder Politiker handele, der Bereich des öffentlichen Wirkens betroffen sei und schutzwürdige Interessen dem nicht entgegen stünden. Gauck erklärt, seine Behörde werde sich aber darum bemühen, dass Kohl die ihn betreffenden Unterlagen vor anderen Antragstellern sehen könne.

12. April 2000
Sitzung des Innenausschusses des Deutschen Bundestages. Der Bundesbeauftragte legt seine Rechtsauffassung zur Verwendung der Abhörprotokolle dar. Seine Argumentation hier wie in den folgenden Monaten: Der Gesetzgeber habe Eingriffe in die Persönlichkeitsrechte durch die Nutzung der MfS-Akten bewusst einkalkuliert und nicht zuletzt deshalb Ende 1996 mit dem neuen Paragrafen 46a klargestellt, dass das grundgesetzlich geschützte Brief-, Post- und Fernmeldegeheimnis für die Stasiunterlagen nicht automatisch gelte. Das Gesetz sei ein »Veröffentlichungsgesetz«.

13. April 2000
Die Landesbeauftragten für die Unterlagen des Staatssicherheitsdienstes sind

gegen eine Gesetzesänderung. Die Regelungen hätten sich bewährt. Die Öffnung der Akten sei ein entscheidender Schritt für den Aufbau des demokratischen Rechtsstaats gewesen, sagt der Berliner Landesbeauftragte Martin Gutzeit. Damit sei den Bürgern die Möglichkeit gegeben worden, das gegen sie ausgeübte Unrecht zu belegen.

15. April 2000
Kohl schreibt an Gauck: Personenbezogene Informationen über Personen der Zeitgeschichte dürften nur zur Verfügung gestellt oder veröffentlicht werden, wenn es sich bei ihnen nicht um Betroffene im Sinne des Gesetzes handele. Dies sei bei ihm aber gerade der Fall, da er selbst ausgespäht worden sei. Damit beruft sich Kohl auf den Paragrafen 6 StUG, nach dem als »Betroffene« Personen gelten, »zu denen der Staatssicherheitsdienst aufgrund zielgerichteter Informationserhebung oder Ausspähung einschließlich heimlicher Informationserhebung Informationen gesammelt hat«, mit Ausnahme von Mitarbeitern oder Begünstigten des MfS. Gleichzeitig fordert Kohl eine schriftliche Zusicherung, dass ihm Einsicht in die Unterlagen zu seiner Person vor anderen gewährt wird. Gauck sagt das zu.

24. April 2000
Bundeskanzler Gerhard Schröder wendet sich dagegen, die CDU-Spendenaffäre unter Einbeziehung von Stasiakten aufzuklären. Er selbst halte »wenig davon, auf solche Protokolle zurückzugreifen«.

26. April 2000
Der innenpolitische Sprecher der SPD-Bundestagsfraktion, Dieter Wiefelspütz, verlangt ein »geregeltes Verfahren« für die Einsichtnahme von Politikern in sie betreffende MfS-Unterlagen. Politiker sollten von diesen Dokumenten nicht erst über die Medien erfahren. Wenige Tage zuvor war bekannt geworden, dass die Staatssicherheit auch den früheren Anwalt der Terroristengruppe »Rote Armee-Fraktion« (RAF) und derzeitigen Bundesinnenminister Schily und den grünen Außenminister Joschka Fischer abgehört hat.

Ende April 2000
In der BStU-Behörde wird eine »Projektgruppe Erschließung« damit beauftragt, die Abhörunterlagen der Hauptabteilung III zu sichten. Dutzende Anträge zur Herausgabe gehen vor allem aus Redaktionen ein, etwa 20 davon betreffen Kohl. Ex-Finanzminister Theo Waigel (CSU), Ex-Außenminister Hans-Dietrich Genscher (FDP) und Finanzminister Hans Eichel (SPD) beantragen Akteneinsicht.

26. Juni 2000
Der frühere Präsident des Bundesverfassungsgerichts, Ernst Benda (CDU), stärkt Kohl den Rücken: Eine Herausgabe von Stasi-Abhörprotokollen sei unzulässig, da sie unter Verletzung des Post- und Fernmeldegeheimnisses zu Stande gekommen seien. Zudem sei Kohl »Opfer der Stasi« und damit »ohne Zweifel ein Betroffener« im Sinne des Gesetzes.
Die Debatte fokussiert sich auf die Auslegung des StUG-Paragrafen 32: Wie ist der Halbsatz zu verstehen, dass personenbezogene Informationen über Personen der Zeitgeschichte, Amts- und Funktionsträger nur veröffentlicht werden dürfen, »soweit sie nicht Betroffene oder Dritte sind«? Auch »Dritter« wäre Kohl – das sind nach Paragraf 6 StUG sämtliche »sonstige Personen, über die der Staatssicherheitsdienst Informationen gesammelt hat«, außer MfS-Mitarbeitern und Begünstigten.

2. Juli 2000
Der von Schily beauftragte Staatsrechtler Prof. Dr. Philip Kunig (Freie Universität Berlin) legt sein Gutachten vor: Bei Unterlagen, die aus Abhöraktionen gewonnen wurden, dürfe die BStU »nur mit Einwilligung der ›betreffenden Personen‹ ... oder nach Anonymisierung von deren personenbezogenen Daten Zugang gewähren«. Ausnahmen will Kunig nur dann zulassen, wenn die Personen der Zeitgeschichte selbst MfS-Mitarbeiter waren oder ihr »öffentliches Auftreten« in den Akten dokumentiert ist.

31. Juli 2000
Die Bundesregierung bringt ein neues Argument ins Spiel, über das »Der Spiegel« berichtet: »Nicht um den Schutz einzelner Politiker gehe es ihr, sondern um den Schutz der Geheimnisse der Republik. ... Kohl habe schließlich als ›Funktionsträger‹ telefoniert und nicht als normale Person der Zeitgeschichte. Die Stasi habe nicht Kohl, sondern mit ihm die Regierung der alten Republik ausspionieren wollen.« Deshalb solle ein »Funktionsprivileg« ins StUG hinein interpretiert werden, das die Akten von Ministern und Regierungsbeamten sperren und einen »Verrat von Staatsgeheimnissen« abwenden soll.

7. September 2000
Kohl nimmt erstmals Einsicht in seine rund 7.000 Blatt umfassenden Akten. 1.163 Seiten stammen aus der MfS-Funkaufklärung, also der Hauptabteilung III und den Abteilungen III der Bezirksverwaltungen. Enthalten sind: 37 Wortlautprotokolle und Zusammenfassungen von Kohls Telefonaten im Umfang von 72 Seiten, ein mitgeschnittenes Telefax auf fünf Seiten, die restlichen Blätter sind Wortlautprotokolle oder zusammenfassende Vermerke über Telefonate anderer, in denen Kohl erwähnt wird. Weitere 2.703 Seiten sind Ausdrucke aus der elektronischen Datenbank SIRA*, dokumentiert sind die Titel von Berichten Inoffizieller Mitarbeiter und MfS-Analysen zu Kohl aus gewonnenen Informationen. 552 Seiten der Kohl-Akten stammen von der Hauptverwaltung Aufklärung und enthalten Einschätzungen zur Arbeit des Kanzlers und CDU-Vorsitzenden. Schließlich erhält Kohl weitere 1.927 Seiten von anderen MfS-Diensteinheiten, unter anderem mit Informationen über seine Reisen. Gauck hat inzwischen angekündigt, vom MfS angefertigte Zusammenfassungen der Telefonprotokolle freizugeben, nachdem Kohl sie gelesen hat.

* SIRA: System zur Informationsrecherche der Hauptverwaltung Aufklärung. In der Datenbank speicherte zumeist die HVA die Titel von Informationen und verschlagwortete eingegangene Berichte nach Sachbezügen. Die Lieferanten dieser Berichte sind nur mit Decknamen und Registriernummern genannt.

29. September 2000
Der Bundestag wählt die Bürgerrechtlerin Marianne Birthler zur neuen Bundesbeauftragten für die Stasi-Unterlagen. Birthler, die ihr Amt am 11. Oktober antreten wird, äußert sich zum Aktenstreit: »Dass es schwer wiegende Argumente für und gegen eine Herausgabe der Protokolle gibt, sehe ich. Ich habe ein großes Interesse daran, zu einem Verfahren zu kommen, das allgemein akzeptiert wird. Es zeigt sich jetzt, dass wir es mit einem sehr jungen Gesetz zu tun haben, das noch keine Auslegungsgeschichte hat.«

2. Oktober 2000
Gauck kündigt Schily an, dass er ein weiteres Gutachten der Professoren Gerhard Marxen und Klaus Werle von der Humboldt-Universität zu Berlin einholen wird.

31. Oktober 2000
Die Juristen Werle und Marxen überreichen ihr Gutachten. Personen der Zeitgeschichte, Inhaber politischer Funktionen und Amtsträger seien nur dann als »Betroffene« oder »Dritte« einzustufen, soweit ihre Privatsphäre betroffen sei. Haben diese Personen »in Ausübung ihrer Funktionen oder ihres Amtes gehandelt, so müssen sie im Interesse der historischen und politischen Aufarbeitung der Stasi-Tätigkeit die Zugänglichkeit und die Verwendung personenbezogener Informationen hinnehmen. Dies gilt nur dann nicht, wenn im Einzelfall durch die Verwendung überwiegend schutzwürdige Interessen der genannten Personen beeinträchtigt werden. ... Um herausgabepflichtige Stasiunterlagen mit personenbezogenen Informationen handelt es sich auch bei sämtlichen Unterlagen, die aus Abhörmaßnahmen hervorgegangen sind.«

8. November 2000
Schreiben von Kohl-Rechtsanwalt Stephan Holthoff-Pförtner an Birthler. Kohl verlangt, seine Stasiunterlagen nicht herauszugeben, bevor er seine Akteneinsicht beendet hat. Sollte die BStU dieser Bitte nicht nachkommen, werde Kohl beim Verwaltungsgericht Berlin klagen.

17. November 2000
Antwortschreiben von Birthler an Holthoff-Pförtner mit dem Hinweis, das StUG räume der persönlichen Akteneinsicht gegenüber den Zugangsrechten von Forschern und Medien keinen Vorrang ein. Wenn die Betroffenen vorab ihre Unterlagen einsehen könnten, sei dies lediglich Verwaltungspraxis bei der BStU, nicht aber gesetzlich vorgeschrieben. Kohl, der bisher nur einmal zur Akteneinsicht in der Behörde erschienen ist, wird aufgefordert, seine Unterlagen bis zum Jahresende durchzusehen. Danach würden personenbezogene Informationen über ihn zugänglich gemacht, soweit sie nicht ausschließlich seine Privatsphäre beträfen. 2.500 der rund 7.000 Seiten hält die Behörde für herausgabefähig.

29. November 2000
Schily verlangt von Birthler, sie solle bis zum 17. Januar keine Unterlagen zu Kohl herausgeben. An diesem Tag will der Bundestags-Innenausschuss eine Empfehlung zum Umgang mit den Stasi-Abhörprotokollen vorlegen.

8. Dezember 2000
Kohl hat beim Verwaltungsgericht Berlin die Unterlassungsklage gegen die Bundesrepublik Deutschland, vertreten durch die Bundesbeauftragte für die Unterlagen des Staatssicherheitsdienstes der ehemaligen Deutschen Demokratischen Republik, eingereicht. Mit der Herausgabe seiner Akten plane die Bundesbeauftragte rechtswidriges Handeln, da »die Informationen aufgrund zielgerichteter Informationserhebung oder Ausspähung« gesammelt worden seien. Nach Paragraf 32 StUG sei er Person der Zeitgeschichte und gleichzeitig Betroffener. Für die Qualifizierung als Betroffener sei allein die »rechtsstaatswidrige Gewinnung« der Unterlagen maßgebend. Deshalb gelte absoluter Vorrang des Persönlichkeitsschutzes vor dem öffentlichen Informationsinteresse. Die BStU dürfe schon wegen der Interessenabwägung (»soweit durch die Verwendung keine überwiegenden schutzwürdigen Interessen der genannten Personen beeinträchtigt werden«) keine Informationen über ihn zur Verfügung stellen. Seine schutzwürdigen Interessen überwögen das Interesse an der historischen und politischen Aufarbeitung der Stasi-Tätigkeit bei Weitem. Zur Stützung seiner Auffassung legt Kohl u. a. ein Gutachten des Berliner Staatsrechtlers Kunig vor, der zuvor im Auftrag von Schily tätig geworden war.

Der Direktor der Gauck-Behörde, Peter Busse, sagt, man sehe dem Verfahren »gelassen« entgegen. Das Gericht habe Birthler vorab um schriftliche Zusicherung gebeten, bis zur Entscheidung der Kammer im Eilverfahren keine Unterlagen herauszugeben.

11. Dezember 2000

Nach Presseberichten will Schily die Bundesbeauftragte durch einen Kabinettsbeschluss an der Weitergabe der Kohl-Akten hindern. Der innenpolitische Sprecher der Grünen, Cem Özdemir, fordert Respekt von der »unabhängigen Stellung« Birthlers. Es sei wenig hilfreich, im Vorfeld der gerichtlichen Auseinandersetzung eine politische Entscheidung herbeiführen zu wollen. Eine generelle Sperre der Weitergabe von Stasiunterlagen an Journalisten und Historiker wäre eine schwer wiegende Einschränkung der mit dem Gesetz gewollten Aufklärung über die SED-Diktatur. Eine Schily-Sprecherin dementiert Berichte über Vorbereitungen für einen Kabinettsbeschluss: »Für eine Anweisung an Birthler gibt es zurzeit keinen Anlass.«

15. Dezember 2000

Schily droht nun öffentlich, »zur Not« mit einem Kabinettsbeschluss die Herausgabe von Stasi-Abhörprotokollen über Personen der Zeitgeschichte zu verbieten. Sollte Birthler nicht zu einer »einvernehmlichen Lösung« bereit sein, werde er damit »nicht zögern«. Da zwischen ihm und der Bundesbeauftragten eine unvereinbare Rechtsauffassung bestehe, schlägt Schily einen Obergutachter vor: den ehemaligen Präsidenten des Bundesverfassungsgerichts, Ernst Benda. Der hatte sich bereits gegen die Freigabe von Telefon-Abhörprotokollen ausgesprochen. Der Staatsminister im Kanzleramt, Rolf Schwanitz (SPD), mahnt Schily, die Unabhängigkeit der BStU nicht einzuschränken. Niemand wolle Persönlichkeitsrechte missachten, aber bisher sei aus gutem Grund immer zwischen Person und Amt unterschieden worden, und das »bei Ost- und Westdeutschen gleichermaßen«. Der Schweriner Regierungschef Harald Ringstorff (SPD) erklärt, er sehe keinen Grund, warum mit Kohls Stasiakte anders umgegangen werden solle als mit den Akten Tausender Ostdeutscher. Auch Thüringens Ministerpräsident Bernhard Vogel (CDU) äußert, die Gesetze müssten für alle gelten.

16. Dezember 2000

Altkanzler Kohl meldet sich zu Wort. Er wirft »interessierten Kreisen der politischen Linken« vor, »den Eindruck zu erwecken, als gehe es um eine Sonderregelung für meine Person«. Tatsächlich gehe es ihm um die Unterscheidung von Opfern und Tätern, »nicht um eine Lex Kohl«. Er wolle eine Regelung »für alle westdeutschen Politiker«. Auch Schily solle »in der öffentlichen Diskussion noch klarer machen, dass es ebenfalls um ihn und seine Kollegen geht«. Wolfgang Bosbach, stellvertretender Vorsitzender der CDU/CSU-Bundestagsfraktion, sekundiert, die Tatsache, dass sich ostdeutsche Politiker nicht gegen die Veröffentlichungspraxis der Gauck-Behörde gewehrt hätten, bedeute nicht, dass diese Praxis rechtmäßig sei: »Die Entscheidungskategorie heißt nicht Ossi oder Wessi, sondern Täter oder Opfer.«

22. Dezember 2000

Brandenburgs Regierungschef Manfred Stolpe (SPD) ist gegen die Veröffentlichung der Unterlagen über Kohl. »Für den Rechtsfrieden und im Interesse der Betroffenen« müsse man »überlegen, das Gesetz zu ändern«. In den Akten stehe »nicht unbedingt die Wahrheit«. Manche Stasi-Lauscher hätten Informationen nicht richtig verstanden oder sich wichtig gemacht. »Das war ja ein Beförderungsgrund, wenn man was über Kohl hatte.« Auch die CDU-Vorsitzende Angela Merkel will die Akten unter Verschluss halten. Es dürften keine »Informationen ans Tageslicht kommen, auf die man mit rechtsstaatlichen Mitteln nie gekommen wäre«. Gesprächsinhalte zu innerwestdeutschen Themen hätten »nichts in der Öffentlichkeit zu suchen«.

24. Dezember 2000
Schily fordert erneut ein Moratorium: Akten zu Personen der Zeitgeschichte sollen bis zum Urteil in der Sache Kohl ./. Bundesrepublik Deutschland nicht mehr ohne deren Einwilligung herausgegeben werden.

3. Januar 2001
Das Verwaltungsgericht Berlin bietet an, die Hauptverhandlung auf Anfang Juli vorzuziehen. Im Gegenzug sollen die Streitparteien auf den Eiltermin im Februar verzichten und die BStU keine Akten zu Kohl herausgeben. Kohl und die Bundesbeauftragte stimmen zu.

16. Januar 2001
Birthler legt in einem Brief an den Innenausschuss des Bundestages dar, welcher Schaden für die Aufarbeitung der DDR-Diktatur entstehen könnte, falls sich eine restriktive Aktenherausgabe durchsetzen würde. Sie erläutert, wie durch Beachtung der gesetzlich vorgeschriebenen Zweckbindung Missbrauch vorgebeugt und durch Benachrichtigung der »Betroffenen« deren Rechtsschutz erhöht werden könne.

18. Januar 2001
Offener Brief in- und ausländischer Wissenschaftler, Bürgerrechtler und Publizisten an den Innenausschuss und die Fraktionen: »Wir appellieren an Sie als Abgeordnete des Deutschen Bundestages, die Uhr der historischen und öffentlichen Auseinandersetzung mit dem SED-Unrecht nicht zurückzudrehen. Sie würden damit dem inneren Zusammengehörigkeitsgefühl und dem internationalen Ansehen unseres Landes Schaden zufügen und den Vorbehalt nähren, dass der Westen die Früchte der friedlichen ostdeutschen Revolution je nach Gutdünken erntet oder auf den Misthaufen seiner Geschichte wirft. ... Es gibt vor dem Hintergrund der bisherigen Verfahrenspraxis keine grundsätzlich neuen Gesichtspunkte, die eine Gesetzes- oder Verfahrensänderung geboten erscheinen lassen.«

9. März 2001
Birthler erläutert dem Innenausschuss des Bundestages die Eckpunkte einer neuen Verwaltungsrichtlinie zur Aktenherausgabe bei Personen der Zeitgeschichte. Kernpunkt ist eine Benachrichtigung der betreffenden Personen, damit sie die Unterlagen vor einer eventuellen Hausgabe kennen lernen können. Einwände gegen eine Freigabe werden durch die BStU geprüft. Damit bleibe gewährleistet, »dass es keine Sonderbehandlung für Politiker gibt«. Die Abgeordneten von Rot-Grün, Union und FDP billigen die Verfahrensweise. Die weiterentwickelte Praxis der Aktenherausgabe genüge den Wünschen nach einem sensibleren Umgang mit personenbezogenen Daten von Prominenten. Ein Sprecher Schilys sagt, der Konflikt des Innenministers mit der Birthler-Behörde sei damit »nicht beigelegt«.

2. April 2001
Die überarbeitete Verwaltungsrichtlinie zu Paragraf 32 tritt in Kraft.

28. April 2001
Der letzte DDR-Innenminister Peter-Michael Diestel (CDU), inzwischen Rechtsanwalt und in dieser Eigenschaft Verteidiger von ehemaligen MfS-Mitarbeitern und SED-Funktionären, freut sich, dass Kohl »eine neue Nachdenklichkeit« verursacht habe. Kohl habe »völlig Recht, wenn er darauf besteht, dass seine Akten nicht in die Öffentlichkeit kommen«. Das StUG sei »verfassungswidrig«, die BStU habe »ohne einen gesellschaftlichen Nutzen Milliarden verschlungen«. Das MfS nennt er »den effektivsten Geheimdienst der Welt«.

25. Mai 2001
Die frühere DDR-Olympiasiegerin im Eiskunstlauf, Katarina Witt, klagt gegen die Birthler-Behörde. Sie will die Herausgabe eines Teils ihrer Akte an Journalisten verhindern. Die BStU will 181 Seiten freigeben, in denen die Sportlerin als »Begünstigte« der Staatssicherheit vorkommt. In diese Kategorie wird sie eingestuft, weil das MfS ihr Autos oder Wohnungen finanziert hatte. Der mit knapp 1.200 Seiten größere Teil der Unterlagen, der Witts Bespitzelung dokumentiert und aus dem sie 1994 in einer Autobiografie intime Details veröffentlicht hat, soll dagegen unter Verschluss bleiben.

4. Juli 2001
Die 1. Kammer des Berliner Verwaltungsgerichts unter Vorsitz von Volker Markworth entscheidet nach mündlicher Verhandlung unter dem Aktenzeichen VG 1 A 389.00 zu Gunsten des Altkanzlers: »Die Beklagte wird verurteilt, es zu unterlassen, Dritten ohne Einwilligung des Klägers für die Forschung zum Zwecke der politischen und historischen Aufarbeitung der Tätigkeit des Staatssicherheitsdienstes der ehemaligen Deutschen Demokratischen Republik, für Zwecke der politischen Bildung oder für die Verwendung durch Presse, Rundfunk, Film, deren Hilfsunternehmen und die für sie journalistisch-redaktionell tätigen Personen in Original-Unterlagen oder Duplikate von Unterlagen des Staatssicherheitsdienstes mit personenbezogenen Informationen über den Kläger Einsicht zu gewähren oder Duplikate von Unterlagen des Staatssicherheitsdienstes mit personenbezogenen Informationen über den Kläger herauszugeben, auch soweit es sich nicht um Tonbänder und Wortlautprotokolle handelt, soweit diese Informationen aufgrund zielgerichteter Informationserhebung oder Ausspähung einschließlich heimlicher Informationserhebung durch den Staatssicherheitsdienst gesammelt wurden oder soweit Informationen über den Kläger als Dritten gesammelt wurden, auch soweit sie nicht ausschließlich das Privatleben oder die Privatsphäre des Klägers betreffen.«
Unbeschränkten, in den Paragrafen 22 und 23 gesondert geregelten Zugang zu den Akten »Betroffener« oder »Dritter« haben nunmehr allein parlamentarische Untersuchungsausschüsse und Strafverfolgungsbehörden. An Forschung und Medien können die Kohl-Akten ab sofort ohne dessen Einwilligung nicht mehr herausgegeben werden. Das Gleiche gilt nach Auffassung des Gerichts für sämtliche Personen der Zeitgeschichte, wenn sie »Dritte« oder »Betroffene« sind. Unter diese Kategorie fallen nun alle, zu denen der Staatssicherheitsdienst Informationen irgendwie gesammelt hat – ob als Nebenprodukt anderer »Aufklärungsziele« wie bei »Dritten« oder »aufgrund zielgerichteter Informationserhebung oder Ausspähung einschließlich heimlicher Informationserhebung« wie bei »Betroffenen«. Geschwärzt werden müssen damit auch die Namen solcher Personen, wenn sie in anderen Unterlagen erwähnt werden. Nur die Akten oder personenbezogene Informationen zu MfS-Mitarbeitern oder Begünstigten dürfen auch künftig ohne deren Zustimmung freigegeben werden. Damit hat das Gericht die Auslegung des Paragrafen 32 durch die Birthler-Anwälte abgewiesen,

die Personen der Zeitgeschichte, Inhaber politischer Funktionen und Amtsträger nur dann als schützenswerte »Betroffene« oder »Dritte« einstufen wollten, wenn ihre Privatsphäre betroffen ist.
Das Gericht geht noch weiter: Es setzt »Betroffene« und »Dritte« mit Opfern gleich, indem es in der Urteilsbegründung auf »den das Gesetz bestimmenden Gedanken des Opferschutzes« verweist. Damit erklärt die Kammer unter anderen Staatsanwälte und DDR-Richter, die Unrechtsurteile fällten, zu »Betroffenen« und »Dritten« – ihre Namen müssten in Akten über die Todesurteile der SED-Justiz künftig geschwärzt werden. »Betroffene« sind nun auch SED-Funktionäre und Täter aus der Zeit des Nationalsozialismus, die in MfS-Akten vorkommen – ebenso wie Westdeutsche, für die sich die Stasi interessierte. Vorsorglich merken die Richter an, ihr Urteil führe nicht dazu, dass die Aufarbeitung »gänzlich untergraben wird«. Sie bleibe auch »in Bezug auf Personen der Zeitgeschichte, Amtsträger in Ausübung ihres Amtes und Inhaber politischer Funktionen möglich, wenn sie ihre Einwilligung erteilen oder die Unterlagen anonymisiert werden. Außerdem bleibt die Aufarbeitung im Hinblick auf Mitarbeiter und Begünstigte und im Zusammenhang mit Unterlagen, die keine personenbezogenen Informationen enthalten, möglich.« Das Gericht empfiehlt: »Hält man es aber aus heutiger Sicht für erforderlich, den Schutz von Personen der Zeitgeschichte, Amtsträgern in Ausübung ihres Amtes oder Inhabern politischer Funktionen ausschließlich auf deren Privatsphäre zu begrenzen, muss nach Auffassung der Kammer das StUG geändert werden ...«
Unbeachtet ließen die Richter das Argument der BStU-Anwälte, nach Rechtsprechung des Bundesgerichtshofs sei nicht die Frage, wie eine Information erlangt worden ist, sondern ihre Bedeutung entscheidend. 1974 hatte der Bundesgerichtshof festgestellt, es könne »der Presse nicht schlechthin verwehrt werden, auch auf illegal gewonnene Informationen zurückzugreifen, wenn sie damit in einer die Öffentlichkeit interessierenden Frage zur Meinungsbildung beiträgt«.
Kohl-Anwalt Holthoff-Pförtner antwortet auf die Frage, ob es ihn störe, dass er nun auch eine Schlacht für die alte Nomenklatura gewonnnen habe und Egon Krenz sich auf das Urteil berufen könne: »Egon Krenz kann sich auch darauf berufen, dass morgen die Sonne aufgeht.«
Birthler kündigt Revision an.

5. Juli 2001
Schily stellt Birthler das so genannte high-noon-Ultimatum. In einem Brief verlangt er, »ungeachtet des Umstandes, dass Sie möglicherweise beabsichtigen, gegen das Urteil des Verwaltungsgerichtes ein Rechtsmittel einzulegen, ... die notwendige Konsequenz zu ziehen. Deshalb muss ich Sie bitten, mir bis Montag, den 9. Juli 2001, 12.00 Uhr, schriftlich zu bestätigen, dass Sie ... Unterlagen mit personenbezogenen Informationen über Personen der Zeitgeschichte, Inhaber politischer Funktionen oder Amtsträger in Ausübung ihres Amtes, die Betroffene oder Dritte ... sind, generell nur noch mit schriftlicher Einwilligung der betreffenden Personen zur Verfügung stellen.« Andernfalls, droht Schily, werde er »rechtsaufsichtliche Maßnahmen« herbeiführen.

6. Juli 2001
Birthler schreibt Schily, dass die Kohl-Akten bis zum Vorliegen einer rechtskräftigen gerichtlichen Entscheidung nicht herausgegeben werden, »weil ich mich insoweit an das Urteil des VG Berlin gebunden fühle«. Das gelte indes, mindestens bis zum Vorliegen einer schriftlichen Urteilsbegründung, nicht für Unterlagen zu »allen übrigen Personen der Zeitgeschichte, Amts- und Funktionsträgern«. Das StUG verpflichte zur Herausgabe – nach Information der Betreffenden.

10. Juli 2001
Der Direktor des Simon-Wiesenthal-Zentrums in Jerusalem, Efraim Zuroff, appelliert an Schily, den uneingeschränkten Zugang zu den Stasiakten zu ermöglichen: Es sei »undenkbar«, die Herausgabe der NS-Akten von der Zustimmung der betroffenen Personen abhängig zu machen. »Eine solche Entscheidung würde Nazi-Verbrechern den Status und die Beachtung schenken, die für die Nazi-Opfer reserviert sein sollten.« Zudem bleibe nur noch sehr wenig Zeit, nationalsozialistische Kriegsverbrechen zu verfolgen, »deshalb sollten die deutschen Behörden jede Anstrengung unternehmen, diese Bestrebungen zu unterstützen. Eine Entscheidung, den Zugang zu den Stasi-Archiven zu beenden oder einzuschränken, würde genau das Gegenteil bedeuten.«

15. Juli 2001
Die »Welt am Sonntag« veröffentlicht Auszüge aus MfS-Akten über Schily und meint, der Streit Schily-Birthler rücke dadurch »in ein neues Licht«: Den Unterlagen zufolge hat sich der damalige RAF-Anwalt im Sommer 1976 an den Ost-Berliner Gerichtsmediziner Otto Prokop gewandt, um ihn für eine internationale Gutachterkommission über die Todesursache der RAF-Terroristin Ulrike Meinhof zu gewinnen. Die Einrichtung einer solchen Kommission bewertete das MfS als Teil einer Kampagne, um Meinhofs Selbstmord als politisch motivierten Mord durch die »BRD-Staatsorgane« zu deuten. Diese Kampagne sei »maßgeblich von Rechtsanwälten dieses Personenkreises beeinflusst und teilweise sogar initiiert und gesteuert«. In der Stellungnahme des Innenministeriums heißt es: »Zu Einzelheiten seiner früheren Verteidigertätigkeit äußert sich Bundesminister Schily aus grundsätzlichen Erwägungen nicht.«

26. Juli 2001
Die schriftliche Urteilsbegründung des Verwaltungsgerichtsurteils in Sachen Dr. Kohl ./. Bundesrepublik Deutschland wird zugestellt.

2. August 2001
Birthler bittet den Bundestag um rasche Hilfe im Aktenstreit: »Ein Abwarten bis zur letztinstanzlichen Entscheidung würde eine schwer zu verkraftende Rechtsunsicherheit für die Behörde und die Nutzer der Unterlagen bedeuten und die Aufarbeitung jedenfalls vorübergehend zum Erliegen bringen«, heißt es in ihrem Brief an Bundestagspräsident Thierse. Für den Paragrafen 32 müsse durch »Gesetzesänderung Klarheit« geschaffen werden. Die Behördenchefin warnt davor, dass auch DDR-Funktionäre den Klageweg gehen und damit »Informationen über nahezu alle Amts- und Funktionsträger der DDR wie Parteifunktionäre, Bürgermeister, Soldaten usw.« sperren lassen könnten. Diese Auslegung des Gesetzes »entspricht nach meiner Überzeugung nicht dem, was der Gesetzgeber beabsichtigte«.

3. August 2001
Schily interpretiert in einem Brief an Birthler die schriftliche Urteilsbegründung. Daraus »geht hervor, dass nach der eindeutigen Gesetzeslage die von Ihnen bisher vertretene Rechtsauffassung falsch und die von mir vertretene Rechtsauffassung richtig ist«. Der Minister verlangt, »im Sinne der Gleichbehandlung« alle Unterlagen von Personen der Zeitgeschichte, Inhabern politischer Funktionen oder Amtsträgern nicht gegen deren Willen herauszugeben. Er droht erneut mit »Rechtsaufsichtsmaßnahmen«.

3. September 2001
Unionsfraktionsvize Bosbach schreibt an Thierse: »Es stellt in der Staatspraxis der

Bundesrepublik Deutschland einen ungewöhnlichen Vorgang dar, dass eine Behörde eine rechtswidrige Verwaltungspraxis übt und beim Eingreifen des zuständigen Gerichtes eine Änderung des Gesetzes fordert, statt zukünftig seine Befolgung sicherzustellen. Die durch das Verwaltungsgericht Berlin festgestellte Rechtslage beachten zu müssen, stellt für die BStU keine ›schwierige Situation‹ dar, die den Deutschen Bundestag zur ›Unterstützung‹ dieser Behörde veranlassen müsste, sondern ist im demokratischen Rechtsstaat eine Selbstverständlichkeit. Angemessener wäre ein Ausdruck des Bedauerns der Bundesbeauftragten gegenüber den in der Vergangenheit durch die Verwaltungspraxis ihrer Behörde beeinträchtigten Bürgern.« Der CDU-Politiker erklärt, der Rechtsstaat schütze »die Opfer und tut alles, damit niemals wieder jemand zum Opfer rechtsstaatswidriger Bespitzelung wird oder im nachhinein unter deren Ergebnissen leidet«. Birthler wird aufgefordert, eine dem Gesetz entsprechende Behördenpraxis »umgehend sicherzustellen statt sich in rechtspolitische Erwägungen zu flüchten«.

10. September 2001
Die Bundestagsfraktion der Grünen macht einen Vorschlag zur StUG-Änderung. Der Kern: Der Halbsatz, »soweit sie nicht Betroffene oder Dritte sind«, der Kohls juristischen Sieg begründet hat, soll gestrichen werden. Damit könne die bisherige Praxis, Akten über Personen der Zeitgeschichte, Funktionäre und Amtsträger unabhängig von deren Einwilligung herauszugeben, erhalten werden.

17. September 2001
Für den Bundesverband Deutscher Zeitungsverleger warnt Präsident Helmut Heinen davor, die Nutzungsmöglichkeiten der Stasiunterlagen durch Medien und Historiker zu beschränken. Die Presse dürfe »bei der Aufarbeitung der unsäglichen Vergangenheit nicht behindert werden«.

21. September 2001
Der Archivtag in Cottbus debattiert über den Aktenstreit. Der Archivverbandsvorsitzende Norbert Reimann: »Es geht auch aktuell um die Verantwortung, Aktenmaterial zu erhalten.«

23. Oktober 2001
Die Direktoren von vier Instituten wenden sich an Thierse. Prof. Dr. Klaus-Dietmar Henke, Hannah-Arendt-Institut für Totalitarismusforschung (Dresden), Prof. Dr. Christoph Kleßmann, Zentrum für Zeithistorische Forschung (Potsdam), Prof. Dr. Horst Möller, Institut für Zeitgeschichte (München) und Prof. Dr. Manfred Wilke, Forschungsverbund SED-Staat (Freie Universität Berlin), appellieren an das Parlament, das Gesetz »sobald wie möglich« zu novellieren und dabei die Forscher einzubeziehen. Sollte das Kohl-Urteil in zweiter Instanz bestätigt werden, drohe »eine einschneidende Beschränkung« der zeithistorischen Forschung. »Da das MfS überall wirksam war, ist eine intensive Berücksichtigung dieser Überlieferung für ein umfassendes und kritisches Gesamtbild der SED-Diktatur unerlässlich.« Deshalb sei der Praragraf 32 zu präzisieren. Überdies warnen die Historiker vor dem Inkrafttreten von Paragraf 14: Die dadurch mögliche Anonymisierung von Originalakten ab 1. Januar 2003 laufe »im Zweifelsfall auch auf eine Vernichtung« hinaus.

7. November 2001
Birthler übergibt Thierse den 5. Tätigkeitsbericht der BStU. Knapp fünf Millionen Anträge auf Akteneinsicht sind seit 1992 gestellt worden, davon 1,6 Millionen von öffentlichen und nichtöffentlichen Stellen auf Überprüfung von MfS-Tätig-

keit. Pro Monat gehen noch immer 10.000 Anträge von Privatpersonen ein. Zwei Drittel der 185 Regalkilometer füllenden Unterlagen sind erschlossen. Birthler schreibt: »Das MfS hat in politische Prozesse und politische Biografien in beiden Teilen Deutschlands eingegriffen und Zersetzungs- und Desinformationskampagnen auch gegen westdeutsche Personen der Zeitgeschichte betrieben. In diesem Sinne lässt sich das MfS durchaus als eine ›gesamtdeutsche Institution‹ beschreiben. Analog dazu ist auch die Behörde der Bundesbeauftragten keine ›Ostbehörde‹, und eine ehrliche Aufarbeitung betrifft den Westen ebenso wie den Osten.« Thierse fordert, bei einer Gesetzesänderung dürfe es nicht um die Beschränkung des Aktenzugangs gehen, vielmehr müsse eine Präzisierung erreicht werden.

8. November 2001

In der Bundestagsdebatte zum Tätigkeitsbericht der BStU plädieren Abgeordnete aller Fraktionen für eine Anhörung zum StUG, die in eine Novellierung münden könne. Der CDU-Abgeordnete Hartmut Büttner erklärt die Besonderheit des Gesetzes aus seinem Gegenstand – »Dabei wäre es gänzlich unmöglich gewesen, mit rein westlich juristischen Maßstäben der Aufarbeitung einer menschenfeindlichen Diktatur gerecht zu werden.« – , begrüßt aber das Urteil des Berliner Verwaltungsgerichts, weil »der Persönlichkeitsschutz der Bespitzelten und Abgehörten verstärkt wird«. Allerdings befürchtet er »größte Schwierigkeiten« für die Aufarbeitung der Akten von früheren DDR-Funktionären. »Sie bekämen damit die Macht, bestimmte Informationen zurückzuhalten oder Zeitgeschichte in ihrem Sinne zu beeinflussen.« Für die FDP widerspricht Edzard Schmidt-Jortzig. Er proklamiert ebenfalls einen Vorrang für den Schutz der Persönlichkeitsrechte vor der Aufarbeitung der Stasi-Tätigkeit, »völlig unabhängig davon«, ob Betroffene »damals oder heute ihren Wohnsitz im Westen oder im Osten hatten oder haben«. Die PDS-Abgeordnete Ulla Jelpke meint, es dürfe nicht sein, »dass jetzt nur für Kohl verboten wird, was vorher jahrelang für Menschen mit Ostbiografien erlaubt war und möglicherweise auch in Zukunft erlaubt sein wird«. Anders der grüne Abgeordnete Özdemir, der davor warnt, die Arbeit der Behörde einzuschränken oder gar zu beenden. An die Abgeordneten der Union appelliert er, »keine unzulässige Vermischung zwischen dem Parteispendenskandal ... und der Arbeit der sogenannten Stasi-Unterlagen-Behörde vorzunehmen«. Birthler erklärt, das Gesetz »ist für die Aufklärung der MfS-Tätigkeit – wenn Sie so wollen: für die Aufklärung der DDR-Diktatur – gemacht worden und nicht für die Aufklärung der bundesdeutschen Spendenaffären.«

28. November 2001

BStU-Veranstaltung »Zehn Jahre Stasi-Unterlagen-Gesetz«: Die Präsidentin des Bundesverfassungsgerichts, Jutta Limbach, weist auf die notwendige Abwägung zwischen dem Recht des Einzelnen auf informationelle Selbstbestimmung und dem der Allgemeinheit auf Informationsfreiheit hin. Letzterem habe das Bundesverfassungsgericht »einen den übrigen Kommunikationsgrundrechten gleichwertigen Rang eingeräumt. Die Informationsfreiheit gehört zu den wichtigsten Voraussetzungen einer freiheitlichen Demokratie. Erst durch den Gebrauch dieses Rechts werden die Bürger instandgesetzt, sich ein Urteil zu bilden, um im demokratischen Sinne verantwortlich handeln zu können.«

10. Januar 2002

Das Bürgerkomitee Leipzig präsentiert einen Vorschlag zur StUG-Änderung. Der Kern: Paragraf 1, der die Herausgabe von Akten an »die historische, politische und juristische Aufarbeitung der Tätigkeit des Staatssicherheitsdienstes« bindet (Zweckbindung), soll erweitert werden. Mit der Ergänzung, das Gesetz diene »insbesondere« der Aufarbeitung der Stasi-Tätigkeit, würde der Tatsache Rechnung getragen, dass das MfS alle Bereiche der DDR-Gesellschaft durchdrungen hat. Forschungsvorhaben, in denen es etwa um Justiz oder Grenzsicherung gehe, wäre der Zugang erleichtert. Paragraf 14, der ab Januar 2003 Anonymisierungen erlaubt, soll ersatzlos gestrichen werden. In Paragraf 32 soll der umstrittene Halbsatz »soweit sie nicht Betroffene oder Dritte sind« entfallen.

5. Februar 2002
Die neue Justizsenatorin der SPD/PDS-Koalition in Berlin, Karin Schubert (SPD), will keine Überprüfung der Senatoren auf Stasi-Mitarbeit: »Die Senatoren wurden alle gewählt und sind somit legitimiert.«

8. März 2002
Revisionsverfahren in der Sache Kohl./. Bundesrepublik Deutschland vor dem Bundesverwaltungsgericht in Berlin: Der 3. Senat unter Vorsitz von Hans-Joachim Driehaus weist die Revision in letzter Instanz als »unbegründet« ab. Die Urteilsbegründung wiederholt im Wesentlichen die Ausführungen des Berliner Verwaltungsgerichts vom 4. Juli 2001, indem sie Kohl als »Betroffenen« und »Dritten« einstuft und den »Opferschutz« als vorrangig gegenüber der Aufarbeitung hervorhebt. Eine Einschränkung des Grundrechts auf informationelle Selbstbestimmung müsse »von hinreichenden Gründen des Gemeinwohls gerechtfertigt« sein. Das Gericht folgt Kohls Forderung nach einer Art Regierungsprivileg: Es sei nämlich »vorrangiges Gesetzesziel gewesen, die im Streitfall allein in Rede stehende Personen-Schnittmenge zu schützen; diese Schnittmenge bestehe aus Personen, die zugleich Betroffene oder Dritte und Personen der Zeitgeschichte etc. gewesen seien«. Es gebe schließlich auch Personen der Zeitgeschichte, zu denen das MfS keine Unterlagen gesammelt habe. »Eine Aufarbeitung der Tätigkeit des Staatssicherheitsdienstes um jeden Preis«, meinen zudem die Kohl-Anwälte, »dürfe nicht Ziel des Gesetzes sein...« Dazu erkennen die Richter: »Fehl geht der Versuch, den Status des Klägers als Betroffener deshalb zu verneinen, weil sich Ausspähungsmaßnahmen des Staatssicherheitsdienstes im Wesentlichen gegen ihn als Verfassungsorgan, beispielsweise als Bundeskanzler, gerichtet hätten. ... Selbst ein Amtsträger in Ausübung seines Amtes kann aber gegenüber rechtswidrigen Ausspähungsmaßnahmen und der Preisgabe der dadurch gewonnen Informationen nicht ausschließlich als Teil der Institution ohne eigene persönliche Betroffenheit angesehen werden.« Weiter befindet das Gericht, die Auslegung des strittigen Paragrafen 32 durch Birthler sei »nicht nachvollziehbar«. In ihrer Auslegung müsste er lauten: »Freizugeben sind Unterlagen mit personenbezogenen Infomationen über Personen der Zeitgeschichte, Inhaber politischer Funktionen oder Amtsträger in Ausübung ihres Amtes, selbst wenn sie Betroffene oder Dritte sind. Dies ist das genaue Gegenteil des Gesetzeswortlauts.« Überraschend erscheint ein von Bundesinnenminister Schily bestellter »Vertreter der Bundesinteressen« vor Gericht und nimmt Partei gegen die Bundesrepublik Deutschland, vertreten durch die BStU. Ministerialrat Heribert Schmitz verteidigt das angefochtene Urteil vom 4. Juli 2001 und argumentiert mit »Geheimhaltungsinteressen«.
Unmittelbar nach dem Urteil teilt Birthler mit, dass »vorerst keine weiteren Akten zu Personen der Zeitgeschichte, Amtsträgern und Inhabern politischer Funktionen mehr herausgegeben werden. Das betrifft über 2000 Anträge von Wissenschaftlern und Publizisten.« Die bisherige Praxis sei »nur über eine Initiative des Gesetzgebers wieder zu ermöglichen«. PDS-Fraktionschef Roland Claus verlangt, »die Verwendung von Stasiakten gegen Personen zu beenden«. Auch Unionsfraktionsvize Bosbach begrüßt das Urteil. Eine »Bloßstellung von Opfern des

MfS« werde damit vermieden. Schily warnt vor einer zu weitgehenden Gesetzeskorrektur: Sie dürfe nicht dazu führen, »dass der Opferschutz völlig beseitigt wird«. Er kündigt eine öffentliche Anhörung des Bundestagsinnenausschusses an. Der werde sich mit der Frage beschäftigen, wie verhindert werden könne, dass Beteiligte am Unterdrückungssystem der DDR in den Genuss des Opferschutzes kommen. Birthler schließt zahlreiche Ausstellungen der Behörde und ihrer Außenstellen.
Die fünf Landesbeauftragten erklären, das Urteil »entfaltet eine Signalwirkung in Richtung auf ein Ende der Aufarbeitung von SED-Unrecht«. Der Richterspruch dürfe nicht instrumentalisiert werden, um die bisherige Aufklärung in Frage zu stellen. »Unrecht muss Unrecht genannt werden können und darf nicht unter Hinweis auf den Zeitablauf seit dem Ende der DDR nachträglich schöngeredet werden.«

9. März 2002
Der frühere Bundesbeauftragte Gauck nennt es »fatal, dass sich nun hinter Kohls breitem Rücken auch viele alte DDR-Kader verstecken können«. Gauck verteidigt das bisherige Vorgehen der Behörde: Das Gesetz habe den Zugang zu den Akten »bewusst so offen gehalten, um die Strukturen einer Diktatur, die gerade die Grundrechte wie Persönlichkeitsschutz missachtete, aufzuklären.« Die Privatsphäre sei immer respektiert worden. Der parlamentarische Staatssekretär Stephan Hilsberg (SPD) sagt: »Mit dem Urteil wird das Gesetz ins Gegenteil verkehrt.«

11. März 2002
Bundeskanzler Schröder äußert sich in der »Leipziger Volkszeitung« erstmals zum Spruch des Bundesverwaltungsgerichts. Er dürfe nicht durch eine Entscheidung des Bundestags rückgängig gemacht werden. PDS-Chefin Gabriele Zimmer sagt, sie freue sich »über den Erkenntniszuwachs« Schröders.

15. März 2002
SPD-Innenexperte Wiefelspütz hält eine Änderung des Gesetzes noch vor der Sommerpause für »sicher«. Mit »großer Wahrscheinlichkeit« werde es eine Präzisierung geben, die garantiere, dass die Akten über DDR-Funktionäre für die zeitgeschichtliche Forschung offen bleiben. Geändert werden solle auch der Paragraf 14, der Betroffenen ab 1. Januar 2003 die Schwärzung aller sie betreffenden Originalakten erlaubt. Die Öffnung der Akten über Personen der Zeitgeschichte werde aber nicht wieder hergestellt. Dafür werde Rot-Grün mit CDU und FDP »im Wahljahr zu keinem Konsens mehr kommen«. Die Behörde öffnet ihre Ausstellungen wieder. Zahlreiche Akten und Foto-Dokumente sind nun mit schwarzen Balken versehen.

17. März 2002
Bundestagspräsident Thierse plädiert dafür, die Stasi-Überprüfungen im öffentlichen Dienst einzustellen und fordert, »dass nach der Novellierung jeder denselben Persönlichkeitsschutz genießen sollte wie Helmut Kohl«. Das Urteil habe »eine Ausnahmesituation« beendet. »Wir haben damals den Schutz der Persönlichkeitsrechte dem Anspruch auf Aufklärung untergeordnet. Das war nötig, um die Machenschaften der Staatssicherheit aufzuklären, was dann auch weitgehend gelungen ist.« Die schärfste Replik kommt vom Bürgerkomitee Leipzig, das Thierses Vorstoß als »gefährlich und überflüssig« bezeichnet. Das Gesetz gehe mit den »bundesdeutschen Datenschutzregelungen größtenteils völlig konform und achtet das Recht auf informationelle Selbstbestimmung teilweise sogar noch penibler als diese«. Auch den unterstellten Zwang zur Stasi-Überprüfung gebe es

nicht: »Es hat schon immer im Ermessen der jeweiligen Gremien gelegen, ob und inwieweit sie diese Möglichkeit ausschöpfen.« Der grüne Bundestagsabgeordnete Werner Schulz sagt: »Es gibt einen Opferschutz, aber auch ein starkes Interesse an Personen der Zeitgeschichte. Was die Stasi beispielsweise über die Machtstrukturen in der CDU und der Bundesregierung erfahren hat, ist für die Geschichtsaufarbeitung außerordentlich wichtig. Wir müssen doch wissen: Hat die Stasi Einfluss auf die deutsch-deutsche Geschichte genommen?«

18. März 2002
Unions-Kanzlerkandidat Edmund Stoiber (CSU) kündigt an, im Falle eines Wahlsieges werde er »gegen Mitte der nächsten Legislaturperiode« eine Generaldebatte über den Umgang mit den Stasiakten anstoßen. »Ich glaube, wir sind heute noch nicht so weit«, sagt er. Der Zeitpunkt werde aber sicherlich kommen, an dem »man sich über die Schließung der Akten einig ist«.

20. März 2002
Wiefelspütz stellt erneut eine Gesetzesänderung noch vor der Sommerpause in Aussicht: »Wenn das Gericht in Anwendung des geltenden Rechts zu dem Ergebnis kommt, dass bei Personen der Zeitgeschichte die gesamte Opferakte zu schließen sei, dann empfehle ich, das Recht zu ändern.« Teile der Kohl-Akte könnten »sehr wohl zugänglich gemacht werden«.

27. März 2002
Die Landesbeauftragten verlangen eine »umgehende Novellierung« des Paragrafen 32 »noch in dieser Legislaturperiode«. »Die umfassende Aufarbeitung der Tätigkeit des Staatssicherheitsdienstes als Herrschaftsinstrument der SED-Diktatur muss gewährleistet« bleiben. Unterlagen zu Personen der Zeitgeschichte, Amts- und Funktionsinhabern sollen »nur dann herausgegeben werden dürfen, wenn sie sich auf die Sphäre der öffentlichen Wahrnehmung bzw. des öffentlichen Wirkens oder auf die Ausübung ihrer Funktion beziehen und gleichzeitig der Aufarbeitung der Tätigkeit des Staatssicherheitsdienstes dienen«.

31. März 2002
Kohl warnt über seine Anwälte vor einer Novellierung »zu Lasten der Rechte der Opfer der Staatssicherheit«. Rechtsanwalt Thomas Hermes sagt, solche Änderungen »wären verfassungswidrig, weil sie die Grundrechte der Menschenwürde und der informationellen Selbstbestimmung verletzen«. Sollte es dazu kommen, würde Kohl »so weit erforderlich erneut den Rechtsweg beschreiten, notfalls bis zum Bundesverfassungsgericht«.

25. April 2002
Öffentliche Anhörung des Bundestags-Innenauschusses: Geladen sind zwölf Experten. Für die Streichung des umstrittenen Halbsatzes »soweit sie nicht Betroffene oder Dritte sind« votieren sechs Sachverständige: der Geschäftsführer des Deutschen Presserates, Lutz Tilmanns, der Berliner Rechtsanwalt Johannes Weberling, Rechtsanwältin Dorothea Marx aus Sondershausen, der Vorsitzende der Vereinigung der Opfer des Stalinismus, Harald Strunz, der brandenburgische Landesbeauftragte für Datenschutz, Alexander Dix, und der Vertreter der Aufarbeitungsinitiativen, Johannes Beleites. Der Direktor beim Bundesbeauftragten für Datenschutz, Roland Bachmeier, lehnt die Streichung vehement ab, dies würde »das Grundanliegen des Gesetzes, den Opferschutz, auf den Kopf stellen«. Bachmeier will auch den Paragrafen 14 erhalten. Betroffene und Dritte könnten damit ab Januar 2003 »den Eingriff in ihr Persönlichkeitsrecht ... beenden«. Fast

alle anderen Experten sind gegen die Löschung von Informationen. Nahezu Einhelligkeit herrscht auch in Bezug auf die von einigen Abgeordneten ins Spiel gebrachte »Funktionärsklausel«, mit der lediglich personenbezogene Informationen ostdeutscher Systemträger zugänglich bleiben sollen. Eine solche Unterscheidung verstoße gegen den Verfassungsgrundsatz der Gleichbehandlung. Der von der PDS bestellte Gutachter, der Freiburger Rechtsanwalt Michael Kleine-Cosack, bezweifelt generell, dass es für eine weitere Aufarbeitung der Stasi-Tätigkeit Gemeinwohlgründe geben könne.
Birthler plädiert für die Streichung des Paragrafen 14 und dafür, weiter Akten über Personen der Zeitgeschichte ohne Zustimmung herauszugeben, die deren »zeitgeschichtliche Rolle« oder die Funktions- beziehungsweise Amtsausübung dokumentieren. Von Abgeordneten nach einer möglichen Erweiterung der Zweckbindung, etwa auf »Aufarbeitung der SED-Diktatur«, befragt, meint die Bundesbeauftragte, sie sei »realistisch genug, um zu sehen, dass das nicht geht«. Die Unterlagen sollten auch künftig ausschließlich der Aufarbeitung der MfS-Tätigkeit dienen.

7. Mai 2002
Katarina Witt gibt den Widerstand gegen die Freigabe ihrer »Begünstigten«-Akten auf und zieht ihre Klage zurück. Sie reagiert damit auf das Kohl-Urteil, das »Begünstigte« der Staatssicherheit nicht vor Herausgabe der Unterlagen schützt. Abgelehnt hat die Ex-Sportlerin den Vorschlag der BStU, auch Akten zu ihrer jahrelangen Bespitzelung zu veröffentlichen, um das Interesse der Stasi an Witt nicht einseitig zu beschreiben.

17. Mai 2002
Die Bundestagsfraktionen von SPD und Bündnis 90/Die Grünen legen einen Gesetzentwurf zur Novellierung des StUG vor. Paragraf 14 soll gestrichen, Paragraf 32 geändert und um einen zusätzlichen Passus 32a erweitert werden. In der Begründung zum neuen Paragrafen 32 heißt es, nach dem Urteil des Bundesverwaltungsgerichtes seien »nur noch Ausschnitte der Tätigkeit des Staatssicherheitsdienstes und dessen Innenansicht zugänglich«, was »für die Erforschung der DDR-Geschichte zu einer wirklichkeitsverzerrenden Blickverengung« führe. Die Verwendung von Informationen zu Personen der Zeitgeschichte, Amts- und Funktionsträgern werde »in einem Umfang eingeschränkt, wie es weder die Archivgesetze des Bundes und der Länder vorsehen noch die zivilrechtliche Rechtsprechung für diese Personengruppen fordert«. Deshalb sollen nun Unterlagen mit personenbezogenen Informationen über Personen der Zeitgeschichte etc. zur Verfügung gestellt werden, »soweit es sich um Informationen handelt, die ihre zeitgeschichtliche Rolle, Funktions- oder Amtsausübung betreffen«, andere Unterlagen mit personenbezogenen Informationen nur dann, »wenn die schriftlichen Einwilligungen der betreffenden Personen vorgelegt werden. Die Einwilligungen müssen den Antragsteller, das Vorhaben und die durchführenden Personen bezeichnen.« In jedem Fall, das schreibt der neue Paragraf 32a vor, sind die »betroffenen Personen zuvor rechtzeitig darüber und über den Inhalt der Information zu benachrichtigen, damit Einwände gegen ein Zugänglichmachen solcher Unterlagen hervorgebracht werden können«. Die BStU hat diese Einwände zu berücksichtigen und eine Interessenabwägung vorzunehmen. Dagegen kann der Betreffende in jedem Einzelfall klagen. Eine Benachrichtigung kann entfallen, wenn sie »nicht möglich ist oder diese nur mit unverhältnismäßigem Aufwand möglich wäre«, etwa bei Verstorbenen. Weiter unklar bleibt damit die Freigabe von Akten Verstorbener, die nicht zu dem in Paragraf 32 genannten Personenkreis gehören.

Da nun »Betroffene« und »Dritte« nicht mehr generell vor der Herausgabe ihrer Akten geschützt sind, könnte etwa ein Teil der Kohl-Akten freigegeben werden, sollte die Abwägung zwischen dem Interesse der Öffentlichkeit an umfassender Informations- und Wissenschaftsfreiheit und dem Kohls an seinem Recht auf informationelle Selbstbestimmung entsprechend ausfallen. Allerdings schränkt die Begründung zum Novellierungsvorschlag wiederum die Herausgabe deutlich ein: Sie kann nämlich »mit Blick auf die Schwere des Eingriffs in das Persönlichkeitsrecht durch den Inhalt und durch die Art der Informationserhebung von vornherein ausgeschlossen sein«. SPD-Innenexperte Wiefelspütz sagt dazu: »Selbst bei Akten, die den Amtsbereich einer Person betreffen, sind Informationen sakrosankt, die mit rechtswidrigen Mitteln gesammelt wurden«, etwa durch Abhörmaßnahmen.

25. Mai 2002

Unionsfraktionsvize Bosbach nennt den rot-grünen Gesetzentwurf »uneingeschränkt nicht konsensfähig«. Schily erklärt, er sei dagegen, das Stasi-Unterlagen-Gesetz zu ändern: »Wenn wir vor der Sommerpause keinen Konsens mit der Union herstellen können, sollten wir das in der nächsten Legislaturperiode behandeln.« Vor allem der Vorschlag für den Paragrafen 32 sei »mit einem großen Fragezeichen behaftet« – Opferschutz müsse auch für Personen der Zeitgeschichte gelten. Möglicherweise könne aber der Paragraf 14 rasch gestrichen werden.

Quellen:

Pressemitteilungen der BStU und der Bundestagsfraktionen; Urteile des Berliner Verwaltungsgerichtes vom 4. Juli 2001 und des Bundesverwaltungsgerichtes vom 8. März 2002; Sachverständigen-Gutachten zur Anhörung des Bundestags-Innenausschusses am 25. April 2002; Gesetzentwurf der Fraktionen SPD, Bündnis 90/Die Grünen, Mai 2002: Entwurf eines Fünften Gesetzes zur Änderung des Stasi-Unterlagen-Gesetzes; Berliner Zeitung, Der Spiegel, Die Welt, Frankfurter Allgemeine Zeitung, Leipziger Volkszeitung, Magdeburger Volksstimme, Süddeutsche Zeitung, Super-Illu, Welt am Sonntag.

Die Autoren

Edda Ahrberg

Landesbeauftragte für die Unterlagen des Staatssicherheitsdienstes der ehemaligen DDR des Landes Sachsen-Anhalt, lebt in Magdeburg. Nach Theologiestudium und Ausbildung zur Katechetin bis Dezember 1989 als Katechetin tätig; Engagement im Bürgerkomitee und beim Aufbau des Historischen Dokumentationszentrums in der ehemaligen Untersuchungshaftanstalt des MfS in Magdeburg.

Angelika Barbe

Referentin der Sächsischen Landeszentrale für politische Bildung, Stellvertretende Vorsitzende der Union der Opferverbände kommunistischer Gewaltherrschaft (UOKG), lebt in Dresden und Berlin. Nach Studium an der Humboldt-Universität zu Berlin ab 1974 Biologin u.a. in einer Berliner Hygieneinspektion; Berufsverbot wegen Arbeit in Bürgerrechtsgruppen, u.a. Pankower Friedenskreis; 1987 Mitbegründerin des Johannistaler Frauenarbeitskreises; 1988 Mitglied der Initiative Frieden und Menschenrechte; 1989 Gründungsmitglied der Sozialdemokratischen Partei (SDP); 1990 Mitglied der Volkskammer und bis 1995 des SPD-Parteivorstands; 1990-1994 Mitglied des Bundestags; 1996 Austritt aus der SPD wegen der Annäherung an die SED/PDS; Mitbegründerin des Vereins Bürgerbüro e.V. zur Aufarbeitung von Folgeschäden der SED-Diktatur in Berlin.

Michael Beleites

Sächsischer Landesbeauftragter für die Unterlagen des Staatssicherheitsdienstes der ehemaligen DDR, lebt in Dresden. 1981-1987 Berufsausbildung und Tätigkeit als Zoologischer Präparator am Naturkundemuseum in Gera; dann freiberuflich; ab 1982 Engagement in überregionalen Initiativen der kirchlichen Friedens- und Umweltbewegung; ab 1986 Recherchen zu den ökologischen und gesundheitlichen Folgen des Uranabbaus der Sowjetisch-Deutschen Aktiengesellschaft Wismut; Juni 1988 Fertigstellung der im Selbstdruck hergestellten Dokumentation »Pechblende – Der Uranbergbau in der DDR und seine Folgen«; 1989-1990 Mitglied des Geraer Bürgerkomitees zur Stasi-Auflösung; Februar 1990 Berater des NEUEN FORUM am Zentralen Runden Tisch; Juni 1990 Gründungsmitglied von Greenpeace DDR e.V.; 1992-1995 Landwirtschaftsstudium in Berlin und Großenhain (Sachsen); Veröffentlichungen: »Untergrund. Ein Konflikt mit der Stasi in der Uran-Provinz« (1992), »Altlast Wismut. Ausnahmezustand, Umweltkatastrophe und das Sanierungsproblem im deutschen Uranbergbau« (1992).

Bärbel Bohley

Malerin, lebt in Čelina (Kroatien) und Berlin. Nach Ausbildung zur Industriekauffrau Studium an der Kunsthochschule Berlin-Weißensee mit Abschluss Diplom-Malerin; ab 1974 freischaffende Malerin; 1982 Gründungsinitiatorin des Netzwerks »Frauen für den Frieden«; 1983/84 erste U-Haft wegen Verdachts auf »landesverräterische Nachrichtenübermittlung« (gemeint waren: Kontakte zu britischen Bürgerrechtlern und zu den bundesdeutschen Grünen); Entlassung nach internationalen Protesten; Reiseverbot, Auftrags- und Ausstellungsboykott; 1985/86 Mitbegründerin der Initiative Frieden und Menschenrechte; Januar 1988 Verhaftung und Abschiebung mit Visum für Großbritannien; August 1988 Rückkehr in die DDR; 1989 Initiatorin des NEUEN FORUM; 1990 Beteiligung an der Besetzung der früheren Berliner MfS-Zentrale aus Protest gegen die geplante Auslagerung der Akten ins Bundesarchiv Koblenz; 1993 nach Einsicht in ihre Stasiakte Beginn der Auseinandersetzung mit dem PDS-Politiker Gysi, der nicht

Spitzel genannt werden will; 1996 Gründungsmitglied und Vorsitzende des Vereins Bürgerbüro e.V.; 1996-1999 EU-Beauftragte in Sarajewo für die Rückkehr von Flüchtlingen und den Wiederaufbau der Bürgerkriegsgebiete. Veröffentlichungen: »Wir mischen uns ein« (mit Ehrhart Neubert 1998).

Heidi Bohley
Gründerin des Zeit-Geschichte(n) e.V. – Verein für erlebte Geschichte zur Dokumentation von Zeitzeugenberichten, lebt in Halle/Saale. Bis 1982 zehn Jahre Bibliothekarin in der Universitätsbibliothek; Entlassung nach Protest gegen das neue Wehrdienstgesetz der DDR und Gründung der Gruppe »Frauen für den Frieden« in Halle; Eröffnung des »Operativen Vorgangs Binder« – unter Beobachtung des MfS bis 1989; Gelegenheitsjobs; 1989 Mitbegründerin des NEUEN FORUM; 1990-1999 Stadträtin in Halle; derzeit Arbeit an einem Dokumentarfilm über die Menschen am 17. Juni 1953 in Halle und an einem Buch mit Erlebnisberichten über Flucht und Vertreibung nach 1945.

Roland Brauckmann
Webdesigner, gelernter Schriftsetzer und Typograf, lebt in Hoyerswerda. 1983 wegen Mitarbeit im »Sozialen Friedensdienst« Dresden 15 Monate Haft und Ausbürgerung; seit 1986 aktiv bei amnesty international; Mitglied im Unabhängigen Historikerverband; Veröffentlichungen u.a.: »Rückblick. Die evangelische Kirche des Görlitzer Kirchengebietes, die Einflussnahme des MfS und der DDR-Staat 1975-1994« (mit Christoph Bunzel 1996), »Der wilde Mohn wächst nicht im Garten«. In: Fiechtner, Urs: »Frei und Gleich geboren – ein Menschenrechts-Lesebuch« (2001).

Matthias Büchner
Freischaffender Maler, Grafiker, Gestalter und Publizist, lebt in Erfurt und Zella-Mehlis. Nach Totalverweigerung des NVA-Wehrdienstes 1969 Ausbildung zum Gärtner, Blumenbinder und Arbeitsplatzgestalter; mehrere Semester Theologiestudium; Mitinitiator der Offenen Arbeit der Evangelischen Kirchen und des Grünen Kreuzes (nichtstaatliche Umweltbewegung) in Dresden; ab 1979 freiberuflicher Maler und Grafiker; 1987 Mitbegründer der »Kirche von unten«; 1989 Mitbegründer des NEUEN FORUM in Thüringen; Republiksprecher und bis 2000 Bundessprecher des NEUEN FORUM; Mitinitiator des ersten Bürgerkomitees der DDR in Erfurt und des Runden Tisches Erfurt; »Sicherheitsberater« des Zentralen Runden Tisches; 1990 von der Volkskammer beauftragter Kontrolleur der Stasiauflösung; Mitglied des Politisch Beratenden Ausschusses zum Neuaufbau des Landes Thüringen; 1990/91 Mitglied des Kuratoriums für einen demokratisch verfassten Bund deutscher Länder; 1990-1994 Mitglied des Thüringer Landtags für das NEUE FORUM; seit 1994 stellvertretender Vorsitzender des Stasi-Untersuchungsausschusses von Deutschem Sportbund und NOK.

Reinhard Dobrinski
Prüfer in einer Berliner Landesbehörde, lebt in Berlin. Nach Ausbildung zum Industriekaufmann in Nordhausen Studium an der Fachschule für Finanzwirtschaft Gotha und der Humboldt-Universität mit Abschluss Diplom-Wirtschaftler; Tätigkeit in der staatlichen Finanzrevision der DDR; 1975 Entlassung wegen Nichtabbruchs westverwandtschaftlicher Beziehungen; danach in der Kohle- und Energiewirtschaft; seit 1999 als Vorsitzender des Forums zur Aufklärung und Erneuerung e.V. Veranstalter von Foren zur DDR-Staatskriminalität und Forschungsarbeit zum Thema »SED/MfS Wirtschafts- und Finanzgebaren«; Veröffentlichungen: Mitherausgeber von Publikationen des Forums wie »50 Jahre

UNO-Menschenrechtsdeklaration« (1998), »Wie konnten wir das zulassen? Staatskriminalität – ein Tribunal nach 10 Jahren« (1999), regelmäßig publizistisch tätig für den »Stacheldraht« (herausgegeben von UOKG und Bund der Stalinistisch Verfolgten e.V., Landesverband Berlin-Brandenburg).

Erika Drees
Promovierte Fachärztin für Psychiatrie und Mitbegründerin des Vereins zur Geschichte der Bürgerbewegung Stendals e.V., lebt in Stendal. Ab 1987 Mitarbeit in der Ökumenischen Versammlung der Kirchen; 1989 Gründungsmitglied des NEUEN FORUM.

Bernd Eisenfeld
Sachgebietsleiter in der Abteilung Bildung und Forschung der BStU, lebt in Berlin. Ausbildung zum Betriebswirt (graduiert); 1966/67 Bausoldat mit Folge Berufsverbot; September 1968 – März 1971 Haft nach offenem Protest gegen die Intervention der Warschauer-Pakt-Staaten in die ČSSR; bis zur Übersiedlung nach West-Berlin im Sommer 1975 Mitarbeit im Friedenskreis der Johanneskirche und im Regionalkreis der Bausoldaten in Halle/Saale; nach der Übersiedlung u.a. Referent im Gesamtdeutschen Institut; 1985-1990 Pressesprecher und zeitweise Vorsitzender des Verbandes ehemaliger DDR-Bürger e.V. in West-Berlin; seit 1993 Mitbegründer und Sprecher der Initiative Rechtshilfe, Berlin; Veröffentlichungen u.a.: »Lexikon Opposition und Widerstand in der SED-Diktatur« (Mitautor, Mitherausgeber 2000), »Macht Ohnmacht Gegenmacht: Grundfragen zur politischen Gegnerschaft in der DDR« (Mitautor, Mitherausgeber 2001), »13. 8. 1961: Mauerbau – Fluchtbewegung und Machtsicherung« (mit Roger Engelmann 2001).

Hans-Jürgen Fischbeck
Studienleiter der Evangelischen Akademie Mülheim, derzeit freigestellt für eine Studienarbeit, lebt in Joachimsthal. Nach Physikstudium an der Humboldt-Universität 1966 Promotion und 1969 Habilitation; bis 1991 Mitarbeiter am Zentralinstitut für Elektronenphysik der Akademie der Wissenschaften der DDR; 1987 Mitbegründer der Oppositionsgruppe »Absage an Praxis und Prinzip der Abgrenzung«, seitdem Kontakte zur illegal arbeitenden Initiative Frieden und Menschenrechte; 1989 Mitbegründer von Demokratie Jetzt; 1990/91 Mitbegründer des Bündnis 90. Veröffentlichungen u.a.: »Recht ströme wie Wasser. Christen der DDR für Absage an Praxis und Prinzip der Abgrenzung« (Mitautor 1989), »Nachdenken über die Ganzheit des Lebens« (1992), »Zwei Hemisphären – Fragen nach uns selbst« (1998).

Karl Wilhelm Fricke
Publizist, lebt in Köln. 1949 nach Abitur in Aschersleben Flucht aus der SBZ; 1949-1953 Studien an der Hochschule für Arbeit, Politik und Wirtschaft in Wilhelmshaven und an der Deutschen Hochschule für Politik in Berlin; ab 1952 freiberuflicher Journalist in West-Berlin; 1955 von Stasi-Agenten aus West-Berlin entführt und 1956 vom 1. Strafsenat des Obersten Gerichts der DDR wegen »Kriegsshetze« zu vier Jahren Zuchthaus verurteilt; bis 1959 in Brandenburg-Görden und Bautzen II in Strafhaft; ab 1959 freiberuflicher Journalist; 1970-1994 Leitender Redakteur beim Deutschlandfunk in Köln; Sachverständigen-Mitglied der Enquête-Kommissionen »Aufarbeitung von Geschichte und Folgen der SED-Diktatur in Deutschland« und »Überwindung der Folgen der SED-Diktatur im Prozess der deutschen Einheit«; 1996 Ehrenpromotion (Dr. phil. h. c.) durch die Freie Universität Berlin / Fachbereich Politische Wissenschaft; Veröffentlichun-

gen u.a.: »Politik und Justiz in der DDR« (1979), »Die DDR-Staatssicherheit« (1982), »Opposition und Widerstand in der DDR« (1984), »MfS intern« (1991), »Akten-Einsicht« (1995), »Konzentrierte Schläge« (mit Roger Engelmann 1998), »Der Wahrheit verpflichtet« (2000), »Bautzen II« (mit Silke Klewin 2001).

Ines Geipel
Schriftstellerin, lebt in Berlin. Nach Abbruch der Leistungssportkarriere Studium der Germanistik in Jena; 1989 Flucht in die Bundesrepublik; Philosophie-Studium in Darmstadt; seit 1994 freie Schriftstellerin; seit 2001 Professorin an der Berliner Hochschule für Schauspielkunst »Ernst Busch«; Veröffentlichungen: »Irgendwo; noch einmal möcht ich sehn. Lyrik, Prosa, Tagebücher von Inge Müller« (1996), »Die Welt ist eine Schachtel. Vier Autorinnen in der frühen DDR« (1999), »Das Heft« (Roman, 1999) »Diktate« (Gedichte, 1999), »Verlorene Spiele. Journal eines Doping-Prozesses« (2001), »Dann fiel auf einmal der Himmel um« (Biografie zu Inge Müller, 2002).

Joachim Goertz
Pfarrer, lebt in Berlin. Theologiestudium am Katechetischen Oberseminar in Naumburg/Saale; 1982-1989 Vikar und Pfarrer Kleinneuhausen (Thüringen); Mitte der 80er Jahre Mitbegründer des Arbeitskreises Solidarische Kirche in der DDR; 1989 Mitbegründer der Sozialdemokratischen Partei (SDP); Veröffentlichungen: »Die Solidarische Kirche in der DDR. Erfahrungen, Erinnerungen, Erkenntnisse« (1999), zahlreiche Artikel zur DDR-Geschichte und ihrer Aneignung u.a. in »Horch & Guck« (herausgegeben vom Bürgerkomitee 15. Januar e.V., Berlin).

Martin Klähn
Bildungsreferent für politische Erwachsenenbildung im Verein Arbeit und Leben e.V., Schwerin, und beim Landesbeauftragten Mecklenburg-Vorpommern für die Unterlagen des Staatssicherheitsdienstes, lebt in Schwerin. Nach Tätigkeit als Maurer und Bauingenieur in den 80er Jahren Mitarbeit im Freundeskreis der Wehrdiensttotalverweigerer; 1989 Gründungsmitglied des NEUEN FORUM.

Hubertus Knabe
Historiker und Publizist, wissenschaftlicher Direktor der Gedenkstätte Berlin-Hohenschönhausen, lebt in Berlin. Nach Studium der Geschichte und Germanistik in Bremen Promotion; Studienleiter der Evangelischen Akademie; 1992-1999 wissenschaftlicher Mitarbeiter des BStU; Gutachter der Enquête-Kommission des Bundestages »Aufarbeitung von Geschichte und Folgen der SED-Diktatur in Deutschland«; Veröffentlichungen u.a.: »Die unterwanderte Republik. Stasi im Westen« (1999), »Der diskrete Charme der DDR. Stasi und Westmedien« (2001).

Dietrich Koch
Wissenschaftlicher Mitarbeiter am Philosophischen Institut der Universität Essen, lebt in Mülheim/Ruhr. Nach Studium der Physik, Kunstgeschichte und Musikwissenschaft in Leipzig als theoretischer Physiker an einem Institut der Akademie der Wissenschaften der DDR; 1968 Festnahme nach Protest gegen die Sprengung der Universtitätskirche zu Leipzig; fristlose Entlassung und Arbeitslosigkeit; 1970 wegen des Protestes gegen die Kirchensprengung Verurteilung zu zweieinhalb Jahren Haft und anschließender Unterbringung in der Psychiatrie; 1972 Abschiebung in die Bundesrepublik; Philosophiestudium und Promotion; Veröffentlichung: »Das Verhör. Zerstörung und Widerstand« (2001).

Francis Milwoky
Rechtsanwalt, lebt in New York. Veröffentlichung: »Das Flittchen. Die Story der Nannan Christie« (2001). Die Übersetzung des Beitrags für dieses Buch besorgte das Team von HELP e.V.

Thomas Moser
Freier Journalist und Politologe, lebt in Berlin. In den 80er Jahren u.a. engagiert im Friedensarbeitskreis der Kölner Grünen und in der Aktion 100.000 Partnerschaften West-Ost; Zusammenarbeit mit der DDR-Oppositionsgruppe Initiative Frieden und Menschenrechte; gemeinsame Erklärungen sowie Aktionen gegen Einreiseverbote und für die Freilassung politischer Häftlinge; Veröffentlichung: »Die Solidarische Kirche in der DDR. Erfahrungen, Erinnerungen, Erkenntnisse« (1999).

Siegbert Schefke
Redakteur beim Mitteldeutschen Rundfunk, Redaktion ARD-Aktuell, lebt in Leipzig und Dresden. Lehre als Baufacharbeiter mit Abitur; Bauingenieurstudium in Cottbus und 1985-1988 Bauleiter in Berlin; 1986 Mitbegründer der Umweltbibliothek in der Zionskirche Berlin; Arbeit in Friedens- und Umweltgruppen; ab 1987 als freiberuflicher Fotograf, Journalist und Kameramann für politische TV-Magazine und Zeitungen in der Bundesrepublik illegal tätig; dokumentierte Umweltzerstörung und den sich formierenden Widerstand in der DDR, lieferte u.a. 1989 die ersten Bilder von den Leipziger Montagsdemonstrationen an die ARD.

Helga Schubert
Schriftstellerin, lebt in Berlin und Mecklenburg. Nach Psychologiestudium Arbeit als klinische Psychologin und Aspirantur; ab 1977 freiberufliche Autorin; 1991 Dr. h.c. der Purdue University, Hammond, USA; zahlreiche Preise; Veröffentlichungen u.a.: »Lauter Leben« (1979), »Das verbotene Zimmer« (1982 – durfte nur in der Bundesrepublik erscheinen, drei Erzählungen erhielten keine Druckgenehmigung, deshalb erschien der gekürzte Band 1985 unter dem Titel »Blickwinkel« in der DDR), »Judasfrauen« (1990), »Die Andersdenkende« (1995), »Das gesprungene Herz« (1995), in Vorbereitung: »Die Welt da drinnen. Geschichten von Euthanasie-Opfern, ihren Ärzten und Angehörigen«, Spielfilmszenarien u.a. »Die Beunruhigung« (2000), außerdem Dok-Filme, Kinderbücher, Märchen.

Hans-Jochen Tschiche
Theologe, lebt in Samsleben (Sachsen-Anhalt). 1950 Ausschluss vom Neulehrerkurs; Fortsetzung des 1948 begonnenen Theologiestudiums in Berlin; Vikar; 1958-1975 Pfarrer in Meßdorf (Altmark); 1968 öffentliche Stellungnahme gegen die Intervention der Warschauer-Pakt-Staaten in der ČSSR; ab 1978 Leiter der Evangelischen Akademie Magdeburg; seit 1980 Engagement in der kirchlichen und autonomen Friedensbewegung; 1989 Mitbegründer des NEUEN FORUM, bis März 1990 am Runden Tisch Magdeburg; März bis Oktober 1990 Abgeordneter der Volkskammer und Vorsitzender der Fraktion Bündnis 90/Grüne; 1990-1998 Landtagsabgeordneter in Sachsen-Anhalt, Vorsitzender der Fraktion Grüne Liste/NEUES FORUM, ab 1994 der Fraktion Bündnis 90/Die Grünen; Veröffentlichungen: »Nun machen Sie man, Pastorche! Erinnerungen« (1999), »Rotgrüne Reden« (1998).

Wolfgang Ullmann
Theologe und Publizist, lebt in Berlin. Studium der Evangelischen Theologie und Philosophie in West-Berlin und Göttingen; Promotion; 1954 Rückkehr nach Sachsen, Vikar und Pfarrer in Kölpenitz; ab 1963 Dozent für Kirchengeschichte

am Katechetischen Oberseminar in Naumburg; ab 1978 Dozent für Kirchengeschichte, Welt- und Rechtsgeschichte am Sprachenkonvikt in Ost-Berlin; Engagement in Oppositionsbewegungen unter dem Dach der evangelischen Kirche; ab 1986 Mitglied des oppositionellen Arbeitskreises »Absage an Praxis und Prinzip der Abgrenzung«; 1989 Mitbegründer der Bürgerbewegung Demokratie Jetzt; 1989/90 für Demokratie Jetzt am Zentralen Runden Tisch; Februar bis April 1990 Minister ohne Geschäftsbereich in der DDR-Übergangsregierung Modrow; März – Oktober 1990 Abgeordneter und als Mitglied der Fraktion Bündnis 90/Grüne Vizepräsident der Volkskammer; 1990-1994 Mitglied des Bundestages, u.a. Mitglied der Gemeinsamen Verfassungskommission des Bundes und der Länder, Austritt nach Entscheidung gegen die Aufnahme plebiszitärer Elemente ins Grundgesetz; 1994-1999 Europaparlamentarier für die Liste der Grünen; Veröffentlichungen u.a:. »Das Ende der Utopien (1992), »Geduld, liebe Dimut! Brüsseler Briefe« (1998), »Wir, die Bürger! Auf nach Europa, Deutschland und zu uns selbst« (2002).

Heinz Voigt
Journalist, seit 1996 verantwortlicher Redakteur der »Gerbergasse 18« der Geschichtswerkstatt Jena e.V., lebt in Jena. 1970-1976 Journalist bei der »Thüringischen Landeszeitung«; bis 1989 Redakteur der »Jena-Information«; 1989 erster DDR-Journalist, der offiziell in einer westdeutschen Zeitung (»Erlanger Nachrichten«) über den Herbst '89 schrieb; 1990-1995 erneut bei der »Thüringischen Landeszeitung«.

Joachim Walther
Schriftsteller, lebt in Grünheide (bei Berlin). Nach Studium der Literaturwissenschaft und Kunstgeschichte an der Humboldt-Universität Lehrer. Ab 1968 Lektor und Herausgeber beim Buchverlag Der Morgen; 1983 erzwungene Kündigung wegen Problemen mit der Zensur; seither freischaffender Schriftsteller; zahlreiche Preise; Veröffentlichungen u.a.: »Sechs Tage Sylvester« (1970), »Ich bin nun mal kein Yogi« (1975), »Bewerbung bei Hofe« (1982), »Risse im Eis« (1989), »Protokoll eines Tribunals« (1991), »Verlassenes Ufer« (1992) »Sicherungsbereich Literatur. Schriftsteller und Staatssicherheit in der Deutschen Demokratischen Republik« (1996), »Erich Mielke – ein deutscher Jäger« (mehrfach ausgezeichnetes Radiofeature 1997), außerdem Essays, Kinderbücher, Hörspiele.

Johannes Weberling
Rechtsanwalt, lebt in Berlin. Promovierter Historiker und Jurist; seit 1996 Rechtsanwalt mit den Schwerpunkten Medienrecht, Arbeitsrecht, gewerblicher Rechtsschutz; Lehrbeauftragter an der Europa-Universität Viadrina Frankfurt (Oder); Veröffentlichungen u.a.: »Stasi-Unterlagen-Gesetz-Kommentar« (1993).

Andreas Weigelt
Historiker, lebt und arbeitet in Lieberose. Veröffentlichungen: »Die Asche der jüdischen Häftlinge auf dem ›Galgenberg‹ in Lieberose. Zum Umgang mit dem KZ-Nebenlager Jamlitz in der DDR« In: Annette Leo / Peter Reif-Spirek (Hrsg.): »Helden, Täter und Verräter. Studien zum DDR-Antifaschismus« (1999), »Umschulungslager existieren nicht. Zur Geschichte des sowjetischen Speziallagers Nr. 6 Jamlitz 1945-1947« (2001).

Stefan Wolle
Historiker und Publizist, Mitarbeiter des Forschungsverbundes SED-Staat der Freien Universität Berlin, lebt bei Berlin. Studium der Geschichte an der Humboldt-

Universität; 1972 Relegation aus politischen Gründen und Arbeit in der Produktion; 1976-1989 Mitarbeiter der Akademie der Wissenschaften der DDR und Promotion; Forschungen auf dem Gebiet der altrussischen Geschichte; 1990 Sachverständiger für die MfS-Akten am Zentralen Runden Tisch und Mitarbeiter des Komitees für die Auflösung des MfS; 1991-1996 Assistent an der Humboldt-Universität und Gutachter der Enquête-Kommissionen des Bundestages zur Aufarbeitung der SED-Diktatur; Veröffentlichungen u.a.: »Wladimir der Heilige. Rußlands erster christlicher Fürst« (1990), »Ich liebe euch doch alle! Befehle und Lageberichte des MfS« (mit Armin Mitter, 1990), »Untergang auf Raten. Unbekannte Kapitel der DDR-Geschichte« (mit Armin Mitter, 1993) »Die heile Welt der Diktatur. Alltag und Herrschaft in der DDR 1971-1989« (1998), »Roter Stern über Deutschland. Sowjetische Truppen in der DDR« (mit Ilko-Sascha Kowalczuk, 2001).

Bildnachweis (Umschlag):
Historische Aufnahmen vom Dezember 1989 nach der Besetzung der MfS-Bezirksverwaltung Leipzig: Gerhard Hopf, Michael Kurt, Wolf-Dieter Trümpler; Presse- und Informationsamt der Bundesregierung (2)